PRACTICE
MAKES
PERFECT™

Basic
Italian

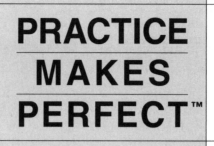

Basic Italian

Premium Second Edition

Alessandra Visconti

New York Chicago San Francisco Athens London Madrid Mexico City
Milan New Delhi Singapore Sydney Toronto

1 2 3 4 5 6 7 8 9   LHS   23 22 21 20 19 18

ISBN   978-1-260-12090-5
MHID   1-260-12090-2

e-ISBN   978-1-260-12089-9
e-MHID   1-260-12089-9

Trademarks: McGraw-Hill Education, the McGraw-Hill Education logo, Practice Makes Perfect, and related trade dress are trademarks or registered trademarks of McGraw-Hill Education and/or its affiliates in the United States and other countries and may not be used without written permission. All other trademarks are the property of their respective owners. McGraw-Hill Education is not associated with any product or vendor mentioned in this book.

McGraw-Hill Education books are available at special quantity discounts to use as premiums and sales promotions or for use in corporate training programs. To contact a representative, please visit the Contact Us pages at www.mhprofessional.com.

McGraw-Hill Education Language Lab App

Audio recordings and flash cards are available to support your study of this book. Go to the Apple app store or the Google Play store (for Android devices) to download the free Language Lab mobile app. A web version is also available online at: mhe-language-lab.s3 .amazonaws.com/index.html

Note: Internet access required for streaming audio.

Contents

Preface

Practice Makes Perfect: Basic Italian is a companion text designed to help improve grammar, fluency, and overall proficiency in Italian. It is intended to supplement the listening, reading, and speaking activities covered in class with a focus on the basic foundations of elementary Italian. Although it is intended primarily for middle and high school students, the materials covered and the vocabulary will be useful to learners of all ages and to anyone needing a quick review. The table of contents clearly summarizes the grammar structures featured in each chapter, which can be done consecutively or in any sequence appropriate to the learners' needs.

Each chapter starts with a clear and concise explanation of the grammatical points of the chapter and a list of frequently used words. The explanation is followed by exercises, which engagingly and effectively drill the new material. The true/false and matching exercises raise awareness of the new form without requiring the learner to produce it. These are followed by exercises and drills that elicit the production and the repetition of the new form until it can be produced with more fluency and ease. The "Culture corner" sections are short descriptions of music, art, science, and popular culture in Italy. These readings are designed to develop reading and comprehension skills. The learners are not expected to understand every word but rather are encouraged to read these sections for general meaning. This will develop inference skills and the ability to understand the main idea in passages containing unfamiliar vocabulary. After this initial reading the learners may want to check their comprehension by reading the English translation in the Answer key, and more advanced students may try doing their own translation, summary, or paraphrase of the text for additional practice.

Here is a summary of what this workbook provides:

Reinforcement of material already presented in another format or setting
Clear presentation of grammatical structures as they are used in common real-life situations
Glosses of frequently used words divided into topics
Engaging exercises that develop the ability to notice, recognize, and use new forms
Readings that introduce interesting cultural or historical facts
A comprehensive exercise review every five chapters
An Answer key to all the exercises
An Italian-English glossary of vocabulary used throughout the book
The **nota bene** feature makes learners aware of common errors.

New to this premium second edition are extensive recordings that are streamed through the McGraw-Hill Education Language Lab app. These recordings provide audio answers for numerous exercises throughout the book, providing learners with a convenient way to improve their listening and pronunciation skills.

Learning a new language is stimulating and fun, and will open the door to a new world. This book will reinforce fundamental knowledge of Italian so that learners can enter that world with confidence.

I would like to thank my editors for their patience and their attention to detail and my students for testing the material for clarity and giving me invaluable feedback. I thank my family for the unwavering support and assistance offered as this book took shape.

Basic Italian

Grammar

Vocabulary

Culture corner

Ciao!
Greetings
The Italian alphabet
Cognates

VOCABOLARIO

Saluti (*Greetings*)

addio	farewell (*rare*)
a domani	see you tomorrow
a dopo	see you later
arrivederci	see you again
buonanotte	good night (*before going to sleep*)
buonasera	good afternoon, good evening
buongiorno	good morning
ciao	hi/bye

Ciao! We use this word to greet our friends and family and to say both *hi* and *good-bye*. In more formal situations, or with people we don't know well, we use **buongiorno** during the daytime and **buonasera** during the evening.

How do we know which one to use? A good rule of thumb is this: if we call someone by his or her first name, we usually use **ciao**. If not, then we use the more formal **buongiorno** or **buonasera**. When in doubt, use the formal.

ESERCIZIO
1·1

You are spending a semester abroad in a student-exchange program in Italy. For each situation described below, write the appropriate greeting.

1. You see your professor in the hallway in the morning. _____

2. Your friend calls you on the phone late at night. _____

3. You are cashing a check at the bank before it closes. _____

4. You see your friend's little brother just before dinner. _____

5. You meet your roommate at the movies. _____

6. You are meeting your friend's mother for the first time. _____

7. You walk into the dentist's office in the morning. _____

8. You are asking a policeman for directions. _____

The Italian alphabet

Read aloud the Italian alphabet using the name of each letter in Italian.

A   a (*as in gel**a**to*)

B   bi (*as in bee*)

C   ci (*as in cheese*)

D   di (*as in deer*)

E   e (*as in spagh**e**tti*)

F   effe (*two syllables*)

G   gi (*as in gee*)

H   acca (*acca is a silent letter*)

I   i (*as in spaghett**i***)

L   elle (*two syllables*)

M   emme (*two syllables*)

N   enne (*two syllables*)

O   o (*as in **o**h*)

P   pi (*as in **pea***)

Q   cu (*as in **coo**l*)

R   erre (*two syllables*)

S   esse (*two syllables*)

T   ti (*as in **tea***)

U   u (*as in b**oo**t*)

V   vu *or* vi

Z   zeta (*rhymes with beta*)

Letters used in foreign words

J   i lunga

K   kappa

W   doppia vu

X   ics

Y   ipsilon

First read and then spell out the names of the following Italians.

1. Monica Bellucci _____

2. Claudia Cardinale _____

3. Galileo Galilei _____

4. Enrico Fermi _____

5. Giuseppe Verdi _____

6. Michelangelo _____

Cognates

A cognate is a word that has a common origin and meaning across languages. There are thousands of English words that share a common root, spelling, and meaning with Italian words. Recognizing the patterns will immediately increase your vocabulary.

Translate the following words and identify the similarities between Italian and English.

artista	violinista	intellettuale	professore	compositore
autore	attore	scienziato	nazione	situazione
poeta	dottore	ingegnere	penna	forchetta

·2· Come sta? Key phrases in Italian

Here are some key phrases that will help you communicate in Italian. You will notice that most of these phrases use the two-syllable word **come**, which means *how* or *what*.

✓ Ask a friend how she is doing:

   Come stai?   *How are you?* (fam.)

✓ Ask a professor how she is doing:

   Come sta?   *How are you?* (form.)

✓ You're not sure what was said:

   Come, scusa?   *Excuse me?*

✓ You want to ask someone their name:

   Come ti chiami?   *What's your name?*

✓ You're not sure how to spell it:

   Come si scrive?   *How do you spell it?*

✓ You're not sure how to say a word or phrase in Italian:

   Come si dice *good morning*?   *How do you say "good morning"?*

✓ You want to ask what a word means:

   Che significa *esercizio*?   *What does* esercizio *mean?*

✓ You want to tell someone your name:

   Mi chiamo...   *My name is . . .*

ESERCIZIO
2·1

Rispondere alle domande. (*Answer the following questions.*)

1. Come ti chiami? _____

2. Come si dice *good morning* in italiano? _____

3. Come si dice *hi* (fam.) in italiano? _____

4. Come si dice *how are you* (form.) in italiano? _____

5. Come si scrive il tuo cognome (*last name*)? _____

6. Che significa «cognome»? _____

7. Come si dice *good night* in italiano? _____

8. Come si scrive «arrivederci»? _____

C and g sounds

There are two possible **c** and **g** sounds in Italian. The first is the "soft" sound:

c as in *church*:	ciao	dice	Sicilia	certo	cinema	dolce
g as in *gym*:	gelato	giro	Belgio	Giovanni	giorno	

Which two letters follow the **c** and **g** in all these words?

1. _____

2. _____

The **c** and **g** followed by any letter other than **e** or **i**, including **h** (as in **che**, **chiami**), is pronounced with a "hard" sound.

c as in *candy*:	caffè	chiami	come	corro	Cristina	cura
g as in *game*:	spaghetti	gonna	Liguria	gusto	gladiatore	grande

ESERCIZIO 2·2

Leggi ad alta voce le seguenti parole sottolineando quelle con la *c* dolce come nella parola *ciao*. (*Read the following words aloud and underline those that have a soft **c** sound like the word **ciao**.*)

che	esercizio	Cina	Chianti
cento	Toscana	perché	Calabria
chiami	Sicilia	Luciano	Bocelli

ESERCIZIO 2·3

Leggi le seguenti parole ad alta voce e sottolineare quelle con la *g* dolce come *gelato*. (*Read the following words aloud and underline those that have a soft **g** sound like **gelato**.*)

geranio	gomma	spaghetti	Liguria
Giulio	giusto	gusto	Inghilterra
geloso	Gaia	ghirlanda	Giada

Sei americano?
Adjectives of nationality
Four-form and
two-form adjectives

Adjectives of nationality

Most of the following Italian words for nationalities are cognates. Say them aloud and translate the ones you recognize:

francese	scozzese	cinese	egiziano
iraniano	ceco	brasiliano	tunisino
irlandese	inglese	finlandese	svedese
italiano	cubano	spagnolo	messicano
marocchino	pachistano	russo	polacco
turco	coreano	giapponese	indiano

Four-form and two-form adjectives

In Italian there are two types of adjectives. The most common is the four-form type—that is, adjectives that have four possible endings: **-o, -a, -i, -e**.

	SINGULAR	PLURAL
MASCULINE	american**o**	american**i**
FEMININE	american**a**	american**e**

VOCABOLARIO

Common four-form adjectives of nationality

brasiliano	Brazilian
ceco	Czech
cubano	Cuban
iraniano	Iranian
italiano	Italian
marocchino	Moroccan
messicano	Mexican
pachistano	Pakistani
polacco	Polish
russo	Russian
spagnolo	Spanish
tunisino	Tunisian

The second type (two-form) has only two possible endings for both masculine and feminine: **-e** and **-i**.

SINGULAR	PLURAL
francese (*f.* or *m.*)	francesi (*f.* or *m.*)

VOCABOLARIO

Common two-form adjectives of nationality

cinese	Chinese
francese	French
irlandese	Irish
inglese	English
finlandese	Finnish
giapponese	Japanese
scozzese	Scottish
svedese	Swedish

NOTA BENE: When you look up an adjective in the dictionary, remember that it will be listed under its masculine singular form!

ESERCIZIO 3·1

Completa le frasi del brano con gli aggettivi seguenti, facendo i cambiamenti necessari. Gli aggettivi possono essere usati più di una volta. *(Read the following passage. Fill in the blanks of the passage with adjectives from the list below, making the necessary changes in gender and number. Adjectives may be used more than once.)*

americano   cinese   italiano   russo   spagnolo

Nella mia classe ci sono molti studenti stranieri. Piotr è un ragazzo _____ di

San Pietroburgo, Liu è una ragazza _____ di Beijing, e poi ci sono tanti

studenti _____ di Boston. Penelope, una ragazza _____

di Madrid è molto brava. Dice che molte parole _____ sono simili (*similar*) alle

parole _____. Dopo la lezione sono molto stanca! Al caffè durante l'intervallo

(*break*) parlo sempre con l'unica altra studentessa _____, di Roma.

ESERCIZIO 3·2

Scrivere le nazionalità delle persone in base alla loro città d'origine. *(Write the nationalities of the following people based on their city of origin.)*

1. Liu è di Beijing. _____*È cinese*_____ .

2. Susie è di New York. _____

3. Pierre è di Parigi (Paris). _____

4. Gretchen è una studentessa di Berlino. _____

5. Phillip è di Londra (London). _____

6. Yoko è una studentessa di Tokyo. _____

7. Ariel (*f.*) è di Istanbul. _____

8. Sara è di Edinburgo. _____

9. Eva è di Stoccolma. _____

10. Vladimir è di San Pietroburgo. _____

11. Hakim (*m.*) è di Beirut. _____

ESERCIZIO

3·3

Cambiare i seguenti aggettivi dal maschile singolare al femminile singolare.
(Change the following adjectives from masculine singular to feminine singular.)

1. italiano _____

2. francese _____

3. tedesco _____

4. canadese _____

5. turco _____

6. inglese _____

ESERCIZIO

3·4

Cambiare i seguenti aggettivi dal plurale al singolare. *(Change the following adjectives from plural to singular, keeping the same gender.)*

1. inglesi (*m.*) _____

2. australiane _____

3. austriaci _____

4. russe _____

5. tedesche _____

6. brasiliani _____

I numeri
Numbers 0 to 20

VOCABOLARIO

I numeri (*Numbers*)

0	zero
1	uno, una
2	due
3	tre
4	quattro
5	cinque
6	sei
7	sette
8	otto
9	nove
10	dieci
11	undici
12	dodici
13	tredici
14	quattordici
15	quindici
16	sedici
17	diciassette
18	diciotto
19	diciannove
20	venti

NOTA BENE: The number *uno* is bound by the same rules as the indefinite article and varies accordingly (**un numero, una lettera, uno studente, un'amica**).

ESERCIZIO

4·1

Scrivere in parole i seguenti numeri. (*Write out the following numbers.*)

1. 9 _____

2. 4 _____

3. 3 _____

4. 6 _____

5. 13 _____

6. 17 _____

7. 14 _____

8. 20 _____

Angolo culturale (*Culture corner*)

I numeri di telefono (*Italian telephone numbers*)

In Italia i numeri di telefono hanno un prefisso (city code) di due, tre o quattro numeri. Quando si dice il numero di telefono si divide in gruppi di due-due-tre.

Leggere e scrivere i seguenti numeri telefonici. *(Read and write out the following telephone numbers.)*

1. 06 57-60-731 *zero sei / cinque sette / sei zero / sette tre uno*

2. 02 74-23-987 _____

3. 041 98-74-291 _____

4. 0521 56-72-877 _____

5. 055 43-21-866 _____

VOCABOLARIO

Everyday words

isola	island
mare (*m.*) (*pl.* **mari**)	sea
nord	north
il ponte	bridge
prendo	I take
quando	when
la regione (*pl.* **regioni**)	region
sud	south
torno	I return
treno	train
le vacanze (*f. pl.*)	vacation
vaporetto	water taxi

Scrivere i numeri tra parentesi in italiano. (*Write out in Italian the numbers in parentheses.*)

1. Le regioni in Italia sono _venti_. (20)

2. _____ regioni italiane sono grandi isole. (2)

3. I colli di Roma sono _____. (7)

4. Il Piemonte, la Liguria e la Lombardia sono _____ regioni del nord. (3)

5. La Sicilia, la Calabria, la Basilicata, la Campania e la Puglia sono _____ regioni del sud. (5)

6. C'è _____ regione del centro Italia che non vede il mare. (1)

Completare le frasi scrivendo i numeri tra parentesi. (*Complete the sentences, writing out in Italian the numbers in parentheses.*)

Domani torno a Venezia per le vacanze. Prendo il treno da Roma che arriva a Venezia in

_____ (6) ore. Quando arrivo alla stazione di Venezia, prendo il vaporetto

numero _____ (1) che mi porta al ponte di Rialto. Poi devo fare una

passeggiata di _____ (10) minuti e in Salizzada San Lio c'è il mio albergo, al

numero _____ (18). Resto a Venezia fino al _____ (20) agosto.

Che bello!

Che cosa studi?
Regular -are verbs

Che cosa studi? (*What do you study?*)

biologia	biology
canto	voice, singing
chimica	chemistry
danza	dance
filosofia	philosophy
letteratura	literature
matematica	mathematics
musica	music
regia	directing
scienze (*f. pl.*) delle comunicazioni	communications
scienze politiche	political science
storia	history
storia dell'arte	art history

Conjugation of regular -are verbs

There are three main types of verbs in Italian, with endings in **-are**, **-ere** or **-ire**. The most common are **-are** verbs, which are conjugated as follows:

parlare (*to speak*)

(io)	parl**o**	(noi)	parl**iamo**
(tu)	parl**i**	(voi)	parl**ate**
(lui, lei, Lei*)	parl**a**	(loro)	parl**ano**

*The third person form indicates either *he, she*, or *you* (*form.*).

In Italian the subject pronouns given in parentheses are generally omitted, while the highlighted suffixes shown above indicate the subject of the verb. So the two words in English, *I speak*, are expressed by one word in Italian, **parlo**.

Common regular -are verbs

abitare	to live
amare	to love
ballare	to dance
cambiare	to change
cantare	to sing
comprare	to buy
domandare	to ask a question
giocare	to play a sport or game (*adds* **-h-** *in the* **tu** *and* **noi** *forms*)
guardare	to look at
lasciare	to leave
mangiare	to eat (*drops the* **-i-** *in the* **tu** *and* **noi** *forms*)
pagare	to pay (*adds* **-h-** *in the* **tu** *and* **noi** *forms*)
studiare	to study (*drops the* **-i-** *in the* **tu** *and* **noi** *forms*)
suonare	to play an instrument
trovare	to find

Una domanda (*A question*): Why do the verbs **giocare** and **pagare** add -h- in the **tu** and **noi** forms? Why do the verbs **mangiare** and **studiare** drop the -i- in the **tu** and **noi** forms?

1. _____

2. _____

ESERCIZIO
5·1

Abbinare le domande alle risposte più logiche. (*Match the questions with the most logical answers.*)

1. __e.__ Dove abiti? a. Sì, è bravissimo!

2. _____ Che cosa studia Giacomo? b. Forse la pizza?

3. _____ Cosa mangiano i bambini stasera? c. Sì, adoro questo ballo.

4. _____ Balli il tango? d. Perché mi rilassa.

5. _____ Andrea Bocelli canta bene? e. Abito a Evanston.

6. _____ Che strumento suona Anna? f. Studia la chimica.

7. _____ Perché guardi sempre la televisione? g. Suona il flauto.

Completare le frasi coniugando il verbo appropriato dalla lista. *(Fill in the blanks with the correct form of the appropriate verb from the following list.)*

amare	ballare	giocare	guardare
pagare	studiare	suonare	mangiare

1. Andrea *guarda* la televisione fino a tardi.

2. Gli italiani _____ il mare (*the sea*).

3. Il mio amico _____ benissimo il pianoforte.

4. _____ (io) in biblioteca.

5. In Argentina tutti _____ il tango?

6. _____ (voi) a calcio stasera?

7. Quanto _____ (tu) per l'università americana?

8. Non _____ (noi) la carne (*meat*). Siamo vegetariani.

Scrivi le domande alle seguenti risposte. *(Write the questions to the following answers.)*

1. _____? Sí, Maria parla italiano molto bene.

2. _____? Abitiamo a Roma.

3. _____? Sí, pago io il caffé.

4. _____? Sara mangia la pizza.

5. _____? No, non suono il pianoforte, suono la chitarra.

Che cosa studiano? (What do they study?) **Abbinare gli interessi alle materie di studio.** *(Connect the activities and interests with the appropriate courses.)*

1. _____ Amano Donatello e Rafaello.   a. cinema

2. _____ Vuole leggere Dante.   b. storia

3. _____ Balla il tango.   c. danza

4. _____ Progettano i ponti.   d. letteratura

5. _____ Studia la rivoluzione americana.   e. ingegneria

6. _*a.*_ Girano un film.   f. storia dell'arte

Capitoli 1–5

Scrivere la parola che corrisponde alla definizione. *(Write the word that matches the definition.)*

1. qui partono e arrivano i treni _____

2. una persona di Berlino _____

3. costruzione per attraversare un fiume _____

4. un saluto che si usa durante il giorno _____

5. fare musica vocale _____

6. un saluto per gli amici _____

7. fare musica strumentale _____

Completare la tabella con gli aggettivi appropriati. *(Complete the table with the correct adjective forms.)*

1. russo	_____	russa	russe
2. francese	francesi	_____	francesi
3. italiano	_____	_____	italiane
4. tedesco	_____	tedesca	_____
5. polacco	polacchi	polacca	_____
6. _____	giapponesi	giapponese	_____

Completare la tabella con i numeri che mancano. *(Fill in the number that is missing in each sequence.)*

1. tre   _____   nove   dodici

2. venti   quindici   _____   cinque

3. quattro   otto   dodici   _____

4. venti   _____   diciotto   diciassette

5. uno   due   tre   _____

6. _____   nove   undici   tredici

Completare la tabella. *(Complete the chart.) Remember to use the **-h-** when necessary.*

PARLARE	STUDIARE	MANGIARE	PAGARE	GIOCARE
1. _____	studio	_____	_____	gioco
2. parli	_____	mangi	_____	giochi
3. _____	studia	_____	paga	_____
4. parliamo	_____	mangiamo	_____	_____
5. _____	studiate	mangiate	_____	giocate
6. parlano	_____	_____	pagano	_____

Grammar

Vocabulary

Culture corner

Di dove sei?
Irregular verb **essere**
C'è / Ci sono

·6·

VOCABOLARIO

La famiglia (*The family*)

famiglia	family
figlio/figlia	son/daughter
fratello	brother
la madre	mother
nonno/nonna	grandfather/grandmother
il padre	father
sorella	sister
zio/zia	uncle/aunt

VOCABOLARIO

Everyday words

casa	house
di	of
libro	book
ritardo	late
lo studente	student
vicino	near

Irregular verb **essere**

Essere (*to be*) is conjugated in the present tense as follows:

(io) **sono**	(noi) **siamo**
(tu) **sei**	(voi) **siete**
(lui, lei, Lei) **è**	(loro) **sono**

Sono italiana.	*I am Italian.*
La casa è di mia madre.	*The house is my mother's.*
Gli studenti sono contenti.	*The students are happy.*
Siete di Roma?	*Are you* (pl.) *from Rome?*

Abbinare le domande ale risposte più logiche. *(Match the questions with the most logical answers.)*

1. _____ Di dove sei?

2. _____ Siete italiane?

3. _____ Dov'è il ponte Sisto?

4. _____ Di chi sono questi libri?

5. _____ Siamo quasi a casa?

6. _____ Sono in ritardo?

a. È a Roma.

b. Sono di Giorgio.

c. No, sei puntualissima!

d. Sono italiana, di Napoli.

e. No, siamo spagnole.

f. Sì, siamo vicini.

Sottolineare il soggetto e completare ogni frase con la forma corretta di *essere*. *(Underline the subject and complete each sentence with the correct form of **essere**.)*

1. Roberto *è* italiano.

2. _____ di Firenze Maria e Francesca?

3. Il libro _____ di Giuseppe.

4. Tu e Gianna _____ a casa?

5. Voi _____ contenti di andare in Italia?

6. Marco e Francesco _____ studenti bravissimi.

7. Io _____ americano di Chicago.

Cambiare il soggetto nelle seguenti frasi dal plurale al singolare. *(Change the following sentences from the plural to the singular.)*

1. Studiate italiano?

_____

2. Parlano francese a casa.

_____

3. Siete di Roma?

_____

4. Sono in ritardo.

    _____

5. Gli studenti abitano a Firenze.

    _____

6. Gli affreschi (*frescoes*) sono di Michelangelo.

    _____

C'è / Ci sono

C'è (*there is*) is always followed by a singular subject. **Ci sono** (*there are*) is always followed by a plural subject.

C'e...	*There is . . .*
Ci sono...	*There are . . .*
A New York **ci sono** molti ristoranti internazionali.	*There are many international restaurants in New York.*
C'è Maria, per favore?	*Is Maria there, please?*
Ci sono molti italiani a Chicago?	*Are there many Italians in Chicago?*
Non **c'è** fretta!	*There's no hurry!*

VOCABOLARIO

Everyday words

antico	ancient
battello	ferry boat
chiesa	church
epoca	time period
fontana	fountain
rovina	ruin, antiquity
il Tevere	the river Tiber
tutto	all

Angolo culturale (*Culture corner*)
A Roman site

ESERCIZIO 6·4

Read the description of Rome and fill in the blanks with either **c'è** *or* **ci sono**.

Un sito romano (*A site in Rome*)

A Roma _____ moltissimi monumenti antichi, di cui il Colosseo è sicuramente il più conosciuto. Come si fa per esplorarli tutti? _____ vari modi per girare la città. Quando fa bel tempo puoi fare una passeggiata in centro dove _____ piazze, chiese, palazzi e fontane di epoche diverse. In estate _____ la possibilità di fare un'escursione in battello sul Tevere e vedere la città da una prospettiva diversa. Se scendi a Ponte Sisto e attraversi questo stretto ponte rinascimentale arrivi in pochi minuti a Piazza Campo de' Fiori. Ogni sera in questa storica piazza _____ tanti gruppi di giovani che si danno appuntamento qui prima di andare in una pizzeria, un pub o al cinema. Tutte le sere _____ una grande offerta (*choice*) di eventi culturali. Per avere ulteriori informazioni vai sul sito www.romace.it.

Prendi un caffè?
Regular -ere verbs
Irregular verb avere

·7·

VOCABOLARIO

Le bibite (*Beverages*)

acqua	water
acqua minerale	mineral water
aperitivo	aperitif
aranciata	orange soda
birra	beer
il caffè	coffee
caffè freddo	iced (cold) coffee
cappuccino	cappuccino (espresso with milk)
cioccolata calda	hot chocolate
digestivo	alcoholic after-dinner drink
il latte	milk
spremuta d'arancio	orange juice
vino bianco	white wine
vino rosso	red wine

Regular -ere verbs

Many -**ere** infinitive verbs are accented on the third to last syllable rather than the usual penultimate syllable. In this chapter this will be indicated by underlining the vowel to be accented, or lengthened. The present tense of regular -**ere** verbs is formed as follows:

prendere (*to take, get*)

(io) **prendo**	(noi) **prendiamo**
(tu) **prendi**	(voi) **prendete**
(lui, lei, Lei) **prende**	(loro) **prendono**

There are three highlighted endings that differ from -**are** verbs. How are they different?

Although the verb **prendere** means *to take*, it also means *to have something* at a café or restaurant:

Cosa prende?	*What will you have?* (form.)
Prendo un caffè, per favore.	*I'll have a coffee, please.*

25

Useful regular -ere verbs

b<u>e</u>re	to drink*
chi<u>e</u>dere	to ask
con<u>o</u>scere	to know
c<u>o</u>rrere	to run
dec<u>i</u>dere	to decide
l<u>e</u>ggere	to read
m<u>e</u>ttere	to put
risp<u>o</u>ndere	to answer
scr<u>i</u>vere	to write
ved<u>e</u>re	to see

_____

*__Bere__ is conjugated as if the stem were __bev-__. Most __-ere__ verbs are stressed on the third to last rather than the second to last syllable. As you read aloud the list of __-ere__ verbs take care to place the stress on the underlined syllable.

NOTA BENE: Verbs that have a **g** or **c** before the infinitive ending will have a hard sound in the **io** and **loro** forms. Which of the verbs from the above list are affected by this rule?

ESERCIZIO
7·1

Completare le conversazioni con la forma corretta del verbo indicato tra parentesi. *(Fill in the spaces of each conversation with the correct form of the verb in parentheses.)*

1. —Franco, a chi _____? —_____ un messaggio a mia sorella. (scr<u>i</u>vere)

2. —Buon giorno. Cosa _____ (form. sing.)? —_____ un cappuccino, per favore. (pr<u>e</u>ndere)

3. —Tu _____ quella ragazza? —Sì, la _____ benissimo. Si chiama Francesca. (con<u>o</u>scere)

4. —Rossana _____ tutte le mattine? —Sì, _____ sempre dalle 6.00 alle 7.00. (c<u>o</u>rrere)

5. —Gli italiani _____ il cappuccino dopo cena? —No, _____ il digestivo. (b<u>e</u>re)

NOTA BENE: In reporting conversations where a person is addressed directly by his or her first name, where the **tu** form is generally used, use a comma after the name (Franco in no. 1). When someone is mentioned by name in the third person (Rossana in no. 4), no comma is used. When using the formal **Lei** (no. 2), the third person of the verb is used.

Completare le frasi con la forma appropriata del verbo tra parentesi. *(Complete the following sentences with the correct form of the verb in parentheses.)*

1. Io _____ (prendere) una Coca-Cola.

2. Mario _____ (vendere) la sua Fiat.

3. Tu e Giovanni _____ (spendere) troppo al bar!

4. Io e Giorgio _____ (correre) nel parco ogni mattina.

5. Tu _____ (conoscere) molti studenti italiani?

6. Gli studenti americani _____ (leggere) le notizie (*news*) su Internet?

Completare le frasi coniugando il verbo tra parentesi. *(Complete the following paragraph with the correct form of the -**ere** verbs in parentheses.)*

Oggi Maria non lavora e _____ (decidere) di andare al mercato.

Quando _____ (vedere) le verdure freschissime, _____

(prendere) gli zucchini, il cavolo, gli spinaci, le carote e le cipolle e in tutto _____

(spendere) solamente 15 euro. Poi _____ (vedere) il suo amico Marcello

e insieme _____ (decidere) di andare al bar. Il barista _____

(chiedere), «Che cosa _____ (prendere)»? e tutti e due (*both*) _____

(rispondere) «Un cappuccino»! Poi Maria guarda l'orologio, saluta Marcello e _____

(correre) a casa perché all'1:00 arriva l'amica che ha invitato a pranzo.

Irregular verb **avere**

Essere and **avere** are the most important verbs in Italian. Besides expressing *to be* and *to have*, they are also the auxiliary verbs used to form compound verbs in numerous other tenses. Like **essere**, **avere** is irregular and must be memorized. As you read the conjugation that follows, remember that the **h-** is silent!

avere (*to have*)

(io) **ho**	(noi) **abbiamo**
(tu) **hai**	(voi) **avete**
(lui, lei, Lei) **ha**	(loro) **hanno**

Completare le frasi con la forma corretta del verbo avere. *(Complete the sentences with the correct form of the verb avere.)*

1. Roma _____ molti monumenti antichi.

2. Io e Maria _____ un appuntamento.

3. Tu e Marco _____ figli (*children*)?

4. Gli studenti _____ molti esami in questo periodo.

5. Tu _____ un cellulare?

6. Tutti noi _____ amici italiani.

I verbi modali (*The modal verbs*)

The three modal verbs **volere** (*to want*), **potere** (*to be able* or *to be allowed*), and **dovere** (*to have to* or *must*) are also irregular and must be memorized.

VOLERE	POTERE	DOVERE
voglio	posso	devo
vuoi	puoi	devi
vuole	può	deve
vogliamo	possiamo	dobbiamo
volete	potete	dovete
vogliono	possono	devono

NOTA BENE: Notice how the first person singular and the third person plural always have the same root. The second person plural is regular for all three verbs. **Potere** means both *can* and *may*.

Modal verbs are almost always followed by another verb in the infinitive. Only **volere** can be followed by a noun.

Vogliamo prendere un caffè?	*Shall we have a coffee?*
Non **può** rispondere prima di domani.	*He can't answer before tomorrow.*
Posso entrare?	*May I come in?*
Devi scrivere subito!	*You must write immediately!*
Vuoi un gelato?	*Do you want an ice cream?*

Andiamo al ristorante!
Nouns: gender and number (I)
The indefinite article

8

VOCABOLARIO

Al ristorante (*Dining out*)

antipasto	appetizer
arancia	orange
il bicchiere	glass
birra	beer
bottiglia	bottle
la carne	meat
contorno	side dish
cotoletta	cutlet
il dolce	dessert, sweet
patata	potato
patatine (*f. pl.*)	French fries
il peperone	sweet pepper
pomodoro	tomato
primo	first course
quartino	a quarter of a liter of wine
secondo	second course
spicchio d'aglio	garlic clove
tavolo	table

Nouns: gender and number (I)

Nouns in Italian are either feminine or masculine. In the singular form, most masculine nouns end in **-o**, and most feminine nouns end in **-a**:

antipast**o** (*m.*)	*appetizer*
minestr**a** (*f.*)	*soup*

To form the plural, the **-o** becomes **-i** in the masculine, and the **-a** becomes **-e** in the feminine:

SINGULAR	PLURAL
antipast**o**	antipast**i**
minestr**a**	minestr**e**

Some nouns, however, end in -**e**, and are either feminine or masculine. For example, most nouns ending in -**ore** and -**ante** are masculine, and those ending in -**ione** and -**ice** are feminine. The others should be memorized with the article, which will help you to remember the gender:

MASCULINE	FEMININE
dott**ore**	reg**ione**
ristor**ante**	att**rice**

In this second group, the -**e** becomes -**i** in the plural regardless of the gender of the noun:

SINGULAR	PLURAL
dott**ore**	dott**ori**
reg**ione**	reg**ioni**
ristor**ante**	ristor**anti**
att**rice**	att**rici**

ESERCIZIO
8·1

Segnare il genere dei sostantivi, e cambiare al plurale. (*Label the following nouns m. or f., and change them from singular to plural.*)

1. treno *(m.) treni*

2. patata _____

3. birra _____

4. antipasto _____

5. cotoletta _____

6. ristorante _____

7. tavolo _____

8. casa _____

9. aranciata _____

Segnare il genere dei sostantivi, e cambiare al singolare. *(Label the following nouns m. or f., and change them from plural to singular.)*

1. cappuccini _____

2. pomodori _____

3. contorni _____

4. primi _____

5. secondi _____

6. patatine _____

7. bottiglie _____

The indefinite article

The indefinite article (*a, an*) has four possible forms, depending on the gender and first letter of the noun that follows:

✓ **Una** is used before feminine nouns that begin with a consonant.

una patata, **una** bottiglia

✓ **Un'** is used before feminine nouns that begin with a vowel.

un'arancia

✓ **Un** is used before masculine nouns that start with a vowel or consonant, except for **x**, **ps**, and **s** + consonant.

un antipasto, **un** peperone, **un** contorno

✓ **Uno** is used before masculine nouns beginning in **s** + consonant, **gn**, **ps**, or **z**. (Adding the vowel **-o** makes the pronunciation of these consonants easier.)

uno zio   **uno** spuntino   **uno** psicologo

Scrivere la forma corretta dell'articolo indeterminativo. *(Add the correct form of the indefinite article to the following nouns.)*

1. _____ amico

2. _____ amica

3. _____ studio

4. _____ cucina

5. _____ aranciata

6. _____ peperone (*m.*)

7. _____ bicchiere (*m.*)

Completare le frasi con la forma corretta dell'articolo indeterminativo. *(Fill in the blanks with the correct form of the indefinite article.)*

—Buon giorno, signori. Desiderano qualcosa da bere?

—Sì, grazie. Io prendo _____ bottiglia di acqua minerale e _____ quartino di vino bianco. E tu?

—Mmm, prendo _____ birra, grazie.

—Vogliono _____ antipasto?

—Io prendo _____ insalata di mare.

—Anch'io.

—Poi per secondo prendiamo _____ bistecca ai ferri e _____ branzino alla griglia.

—Vogliono altro?

—No, grazie.

La dieta mediterranea
The definite article
Regular -ire verbs

9

VOCABOLARIO

Un menu italiano (*An Italian menu*)

aceto	vinegar
basilico	basil
cornetto	croissant
fragola	strawberry
gelato	ice cream
insalata	salad
il lampone	raspberry
lattuga	lettuce
mirtillo	blueberry
mora	blackberry
olio d'oliva	olive oil
pomodoro	tomato
prosciutto	ham
riso	rice
risotto	rice dish
lo spumante	sparkling wine
spuntino	snack
zucchero	sugar

The definite article

The definite article agrees in gender (feminine/masculine) and in number (singular/plural) with the noun it modifies. The choice of the definite article also depends on the first letter of the noun:

MASCULINE SINGULAR	
il before most consonants	**il** riso
lo before **gn**, **z**, **ps**, and **s** + consonant	**lo** zucchero, **lo** psicologo, **lo** spuntino
l' before all vowels	**l'**antipasto

i before consonants	**i** cappuccini
gli before **gn**, **z**, **ps**, and **s** + consonant and vowels	**gli** amici, **gli** gnocchi, **gli** studenti, **gli** zucchini

FEMININE SINGULAR

la before all consonants	**la** pasta
l' before all vowels	**l'**acqua

FEMININE PLURAL

le	**le** arance, **le** mele

Why do you think **lo** is used before words that start with **s** + consonant, **gn**, **ps**, or **z**?*

NOTA BENE: Let the articles help you identify the gender of the noun whenever you're in doubt.

ESERCIZIO

9·1

Scrivere la forma corretta dell'articolo determinativo prima del nome, e cambiare l'articolo e il nome dal singolare al plurale. (*Write the correct form of the definite article before the singular noun, then change article and noun to the plural.*)

1. _____ cappuccino _____

2. _____ prosciutto _____

3. _____ caffè _____

4. _____ birra _____

5. _____ gelato _____

6. _____ pasta _____

7. _____ zucchero _____

8. _____ bottiglia _____

9. _____ cornetto _____

10. _____ pomodoro _____

11. _____ contorno _____

12. _____ patata _____

13. _____ dolce _____

14. _____ spuntino _____

*An **-l** before words that begin with these combinations of consonants would be difficult to pronounce and would be unpleasant to the ear.

Una festa! (Party time!) **Dai una festa e vuoi preparare la pasta al pomodoro fresco, un'insalata mista e il gelato con lamponi per il dolce. Dici alla tua amica tutti gli ingredienti che ti servono completando le frasi con l'articolo determinativo appropriato.** (*You are having a party and plan to prepare pasta with fresh tomatoes, a mixed salad, and ice cream with fresh raspberries for dessert. You tell a friend all the ingredients you will need. Fill in the correct form of the definite article for each ingredient.*)

Per fare questa ricetta devo comprare _____ pomodori freschi, _____ spaghetti, _____ basilico, _____ olio d'oliva, e _____ parmigiano reggiano. Per _____ insalata mista devo prendere _____ lattuga, _____ pomodorini (*cherry tomatoes*), _____ limoni, _____ carote, e _____ aceto. Per _____ dolce, devo prendere _____ gelato alla crema, _____ lamponi, _____ fragole, _____ mirtilli, e _____ more. Quante cose devo comprare!

Completare i seguenti dialoghi con l'articolo determinativo corretto. (*Complete the following conversations with the appropriate definite articles.*)

1. —Cosa bevi a colazione? —Preferisco _____ caffè. E tu cosa preferisci?

2. —Preferisco _____ tè con _____ zucchero e _____ limone.

3. —Per fare _____ risotto con _____ asparagi, quali ingredienti devo comprare?

4. —Ovviamente _____ riso, _____ asparagi, _____ burro, _____ cipolle, _____ vino bianco, _____ brodo di carne, e _____ parmigiano.

5. —Cosa devi comprare per la festa di compleanno per Fabrizio?

6. —Devo prendere _____ bicchieri di plastica, _____ torta, _____ spumante e _____ candeline (*birthday candles*).

Regular -ire verbs

We have already seen **-are** and **-ere** verbs, and now look at **-ire** verbs, which fall into two types. Type 1 **-ire** verbs conjugate as follows:

dormire (*to sleep*)

(io) dorm**o**	(noi) dorm**iamo**
(tu) dorm**i**	(voi) dorm**ite**
(lui, lei, Lei) dorm**e**	(loro) dorm**ono**

NOTA BENE: Only the **voi** form differs from the **-ere** conjugation.

Type 1 -ire verbs

aprire	to open
offrire	to offer
partire	to depart
seguire	to follow
sentire	to hear

Type 2 verbs insert -isc- between the root and the suffix in all forms except **noi** and **voi**:

capire (*to understand*)

(io) cap**isc**o	(noi) capiamo
(tu) cap**isc**i	(voi) capite
(lui, lei, Lei) cap**isc**e	(loro) cap**isc**ono

Type 2 -ire verbs

capire	to understand
finire	to finish
preferire	to prefer
pulire	to clean

How do you know if an **-ire** verb is type 1 or type 2? Type 1 verbs generally have two consonants preceding the **-ire** infinitive ending (**dorm**ire), whereas type 2 verbs have a vowel and a consonant preceding the **-ire** infinitive ending (**cap**ire). As always, there are exceptions, as in the verb **seguire** (*to follow*), which is a type 1 verb.

ESERCIZIO
9·4

Completare le frasi coniugando il verbo tra parentesi. (*Fill in the blanks with the correct form of the verb in parentheses.*)

1. Gli studenti _____ (capire) la lezione.

2. Stasera (io) _____ (finire) di lavorare tardi.

3. (voi) _____ (prendere) il tè o il caffè?

4. Il treno per Napoli _____ (partire) fra un'ora.

5. (io) Non _____ (capire) la politica italiana.

6. Ragazzi, perché non _____ (chiudere) la finestra? Fa freddo!

7. Stasera (noi) _____ (finire) tardi.

8. Il film _____ (finire) a mezzanotte.

Prendiamo un caffè?
Nouns: gender and number (II)

Some nouns have irregular plural forms in Italian. If the noun is borrowed from another language, it is usually masculine and does not change form in the plural:

SINGULAR	PLURAL
lo sport	gli sport
il computer	i computer
l'autobus	gli autobus
il sofà	i sofà

A second group of nouns with an irregular plural form are those accented on the final syllable. The article changes, but the noun does not change in the plural:

SINGULAR	PLURAL
il caffè	**i** caffè
la città	**le** città
il tè	**i** tè
la virtù	**le** virtù

Nouns ending in **-ista** share the same form in the singular regardless of gender but have regular forms in the plural.

MASCULINE/FEMININE SINGULAR		MASCULINE PLURAL	FEMININE PLURAL
l'artista	→	gli artisti	le artiste
il/la violinista	→	i violinisti	le violiniste
l'ottimista	→	gli ottimisti	le ottimiste
il/la pianista	→	i pianisti	le pianiste

Another group of irregular nouns are abbreviations. They do not change in the plural and their final vowel may be misleading. Notice the first three end in **-o** or **-i** and are feminine, and the last ends in **-a** and is masculine:

SINGULAR	PLURAL
la mot**o** (motocicletta)	le moto
la fot**o** (fotografia)	le foto
la bic**i** (bicicletta)	le bici
la TV (televisione)	le TV
il cinem**a** (cinematografo)	i cinema

NOTA BENE: A good rule of thumb is to memorize the nouns with their definite article. By memorizing **la foto** with the article, you will know that it's feminine. This will also help you use the correct article more quickly and fluently.

Segnare con un cerchio l'articolo definito per ogni sostantivo. In alcuni casi, vanno bene ambedue gli articoli. (*Circle the correct definite article for each noun. For some words, both articles may be correct.*)

1. il/la moto

2. le/i foto

3. il/la mouse

4. la/le città

5. la/il computer

6. lo/la sport

7. il/l' autobus

8. il/la cinema

ESERCIZIO

10·2

Leggerela mail di Marina e completa le frasi con l'articolo definito appropriato. (*Read Marina's e-mail and complete the sentences with the appropriate definite article.*)

Cara Giovanna,

Come stai? Io bene. Sono a Roma, a casa di mia sorella, che non c'è perché suona con l'orchestra della Scala ed è in tournée (*on tour*). Qui non funziona niente! _____ bici ha una gomma a terra (*flat tire*), _____ computer è lento, _____ cinema vicino a casa sua è chiuso per restauro (*renovation*), _____ moto non ha benzina, _____ sofà è pieno di buchi (*holes*), e _____ TV ha solo tre canali! Sono disperata. Scrivimi presto!

Marina

ESERCIZIO
10·3

Cambiare dal singloare al plurale. *(Change the following from the singular to the plural.)*

1. lo sport *gli sport*

2. la città _____

3. il caffè _____

4. l'università _____

5. il tassì _____

6. il computer _____

7. il bar _____

ESERCIZIO
10·4

Cambiare dal plurale al singolare. *(Change the following from the plural to the singular.)*

1. le città _____

2. gli autobus _____

3. le università _____

4. le bici _____

5. i cinema _____

6. le foto _____

Angolo culturale (*Culture corner*)

Lo sport in Italia (*Sports in Italy*)

Il calcio è lo sport più diffuso e amato in Italia, anche se è uno sport prevalentemente maschile. I bambini imparano a giocare a pallone (*ball*), e da grandi fanno il tifo per la squadra della loro città.

Quando vince la loro squadra, i tifosi fanno una festa per le strade della loro città, e purtroppo succede che i tifosi rivali spesso diventano violenti. C'è chi va allo stadio per assistere alle partite, ma molti italiani preferiscono vederle in televisione. I campionati europei e mondiali sono seguiti con entusiasmo da tutti, che naturalmente si uniscono per fare il tifo per gli Azzurri, chiamati così per il colore della divisa.

Anche il ciclismo fa parte della tradizione sportiva italiana, e il Giro d'Italia è trasmesso in televisione e seguito in tutto il mondo. Nello sport femminile sono bravissime le campionesse italiane di sci, nuoto, tennis e scherma (*fencing*).

Capitoli 6–10

ESERCIZIO
R2·1

Sottolineare la parola che è diversa dalle altre. *(Underline the word that doesn't belong.)*

1. acqua	birra	aranciata	prosciutto
2. insalata	mirtilli	basilico	pomodoro
3. contorno	prosciutto	risotto	gelato
4. moto	bici	cinema	foto
5. cappuccino	caffè	latte	birra
6. sport	mirtillo	spuntino	zucchero

ESERCIZIO
R2·2

Cambiare al plurale o al singolare i seguenti sostantivi. *(Change the following nouns to the plural or the singular, as appropriate.)*

1. studenti _____

2. primi _____

3. antipasto _____

4. studentesse _____

5. bottiglia _____

6. tavolo _____

7. forchetta _____

8. coltelli _____

9. aranciata _____

10. dottore _____

11. ristoranti _____

12. professori _____

13. stazione _____

14. regioni _____

Completare la tabella con i verbi che mancano. *(Fill in the missing forms in the verb chart.)*

	ESSERE	AVERE	DOVERE	POTERE	VOLERE
1.	sono	_____	_____	posso	_____
2.	_____	hai	devi	puoi	vuoi
3.	è	_____	_____	_____	_____
4.	_____	abbiamo	dobbiamo	_____	vogliamo
5.	siete	avete	_____	potete	_____
6.	_____	_____	devono	possono	vogliono

Aggiungete l'articolo indefinito appropriato. *(Add the correct indefinite article to each noun.)*

1. _____ pasta

2. _____ risotto

3. _____ zaino

4. _____ amico

5. _____ riso

6. _____ caffè

7. _____ aranciata

8. _____ spumante

9. _____ gelato

10. _____ spuntino

11. _____ birra

Completare la tabella dei verbi *-ire* del primo e secondo tipo. *(Complete the chart with the missing forms of the **-ire** verbs of the first and second type.)*

DORMIRE	CAPIRE	PREFERIRE
1. dormo	_____	preferisco
2. dormi	capisci	_____
3. _____	capisce	_____
4. dormiamo	_____	preferiamo
5. _____	capite	_____
6. _____	_____	preferiscono

Completare il paragrafo con i verbi *dovere, potere* and *volere*. *(Fill in the blanks with the correct forms of the verbs **dovere, potere,** and **volere**.)*

Ci sono differenze tra l'università italiana e quella americana. Prima di tutto, lo studente universitario in Italia paga dai 500 euro ai 3.000 euro all'anno, a seconda della propria fascia economica (*income bracket*). Inoltre, la frequenza (*attendance*) non è obbligatoria, e gli studenti che lavorano _____ (potere) fare gli esami senza frequentare le lezioni. Questo sistema permette a chi _____ (dovere) lavorare la possibilità di studiare indipendentemente. Quando un esame orale va male se _____ (volere) lo studente _____ (potere) richiedere (*request*) di rifare l'esame in un'altra data. Negli Stati Uniti lo studente medio si laurea in quattro anni, mentre in Italia _____ (può) impiegare anche cinque o sei anni.

Aggiungere gli articoli determinative e i sostantivi che mancano. *(Add the missing definite articles and nouns.)*

SINGOLARE	PLURALE
1. <u>il</u> <u>tassí</u>	i <u>tassí</u>
2. l'_____	_____ università
3. _____ caffè	_____ caffè
4. _____ foto	le _____
5. _____ autobus	gli _____
6. _____ dottore	_____ dottori
7. _____ bici	le _____
8. _____ studente	_____ studenti
9. _____ amico	gli _____
10. _____ computer	i _____
11. _____ dentista (*m.*)	i _____
12. l'_____ (*f.*)	_____ artiste
13. _____ sport	gli _____
14. _____ stazione	_____ stazioni

Grammar

Cardinal numbers   47
Ordinal numbers   50
Irregular nouns   51
Prepositions **a**, **in**   59
Preposition **di**   61

Vocabulary

Numbers 21 to 1 billion   47
Ordinal numbers   50

Days of the week   54
Transport   60

Culture corner

Region or capital?   60
Venice: A city on the water   64

I numeri cardinali
Cardinal numbers from 21 to 1 billion

Da 21 a 1,000,000,000 (*Numbers 21 to 1 billion*)

21	ventuno
22	ventidue
23	ventitré
24	ventiquattro
25	venticinque
26	ventisei
27	ventisette
28	ventotto
29	ventinove
30	trenta
40	quaranta
50	cinquanta
60	sessanta
70	settanta
80	ottanta
90	novanta
100	cento
1.000	mille
2.000	duemila
1.000.000	un milione
4.000.000	quattro milioni
1.000.000.000	un miliardo

Cardinal numbers

Some notes on cardinal numbers in Italian:

- ✓ When **uno** and **otto** are added to the numbers from **venti** to **novanta**, the final vowel is dropped: **ventuno, ventotto, trentuno, trentotto**.
- ✓ Any number ending with **tre** must add a final accent: **sessantatré, novantatré**, etc.
- ✓ **Cento** does not change in the plural: **ottocento**.

✓ Notice (and remember!) the irregular form of **mille** (*sing.*), **mila** (*pl.*).

✓ Contrary to English, multiples of a thousand are marked by a period, and decimals by a comma:

1.367 = one thousand three hundred sixty-seven
98,6 = ninety-eight point six

✓ Historical dates are written as one word and are not divided into hundreds.
1972 is written and read as **millenovecentosettantadue**.

✓ Multiples of **un milione** and **un miliardo** are written as two words: **tre milioni, otto miliardi**.

ESERCIZIO
11·1

Abbinare i numeri con le parole. *(Match the digits to the words.)*

1. _____ 1367   a. tre milioni

2. _____ 281   b. trecentosettantotto

3. _____ 593   c. milletrecentosessantasette

4. _____ 368   d. duecentottantuno

5. _____ 3.000.000   e. trecentosessantotto

6. _____ 378   f. cinquecentonovantatrè

VOCABOLARIO

Everyday words

anno	year
biglietto	ticket
biglietto aereo	plane ticket
premio	prize

Scrivere i numeri indicati tra parentesi. *(Write out the numbers in the following sentences.)*

1. Vengono sempre almeno (15.000) _____ persone al concerto di Andrea Bocelli.

2. Ci sono (365) _____ giorni in un anno.

3. La moto Ducati costa (15.660) _____ euro.

4. La popolazione di Roma è di circa (3.000.000) _____ di abitanti.

5. Una casa in Liguria costa un minimo di (150.000) _____ euro.

6. Un biglietto aereo da Chicago a Roma costa (850) _____ dollari.

7. Una Ferrari costa (328.000) _____ dollari.

8. Dario Fo ha vinto il premio Nobel nel (1997) _____.

I numeri ordinali
Ordinal numbers
Irregular nouns

┌─ VOCABOLARIO ─┐

Numeri ordinali (*Ordinal numbers*)

primo	first
secondo	second
terzo	third
quarto	fourth
quinto	fifth
sesto	sixth
settimo	seventh
ottavo	eighth
nono	ninth
decimo	tenth

Ordinal numbers

Ordinal numbers are used to indicate order. They are adjectives and must agree with the noun they modify.

From *11th* onward the ordinal number is formed by dropping the final vowel and adding **-esimo**:

dodici + -esimo = dodicesmo

Numbers that end in **-sei** or **-tre** do not drop the final vowel:

-sei → -sei**esimo** → trenta**seiesimo**	*thirty-sixth*
-tre → -**esimo** → trenta**treesimo**	*thirty-third*

Centuries are written out in Roman numerals, and decimals and fractions are expressed with ordinal numbers. Emperors, kings, queens, and popes are often referred to with Roman numerals after their first name:

XI sec.	undicesimo secolo	*eleventh century*
XXI secolo	ventunesimo secolo	*twenty-first century*
.03	tre centesimi	*three hundredths, or 3 cents*
⅔	due terzi	*two-thirds*
¼	un quarto	*one-fourth*

½	mezzo/a (one word)	*one-half*
Carlo V	Carlo quinto	*Charles the 5th*
Clemente I	Clemente primo	*Clement I*
Edoardo II	Edoardo secondo	*Edward II*
Elisabetta II	Elisabetta seconda	*Elizabeth II*

ESERCIZIO
12·1

Scrivere i seguenti numeri. *(Write out these numeric expressions.)*

1. ⅓ _____

2. ¾ _____

3. ⅙ _____

4. ⅛ _____

5. Enrico VIII _____

6. Paolo V _____

Irregular nouns

In this chapter we will be looking at two new groups of irregular nouns. One group is made up of nouns that end in *-ist* in English and in **-ista** in Italian, such as violinist and artist. The nouns **violinista** and **artista** share the same form in the masculine and feminine singular, and the gender is marked only by the definite article. But in the plural the ending changes according to the gender of the individual.

SINGULAR	PLURAL
il violinist**a**	i violinist**i**
la violinist**a**	le violinist**e**

Another group of irregular nouns are those that come from Greek words that end in **-ma**, such as **problema**, **programma**, **tema**.

Attenzione! Although these nouns end in a final **-a** they are masculine. Their plural form is **-i**:

SINGULAR	PLURAL
il problema	i problemi
il programma	i programmi
il tema	i temi

Scrivere la forma singolare delle seguenti parole con l'articolo determinativo appropriato. *(Write the singular forms of the following words with the appropriate definite articles.)*

1. le pianiste _____

2. i socialisti _____

3. le femministe _____

4. gli artisti _____

5. i dilemmi _____

6. gli ecologisti (*environmentalists*) _____

7. i problemi _____

8. i drammi _____

Another irregular group is the masculine nouns and adjectives ending in **-co** that add **-h-** to the plural to retain the hard **c** sound. Those with a regular penultimate stress follow this simple rule. If, however, the stress is on the third to last syllable, no **-h-** is added and the **c** softens. For example:

un p<u>a</u>rco ant<u>i</u>co → due p<u>a</u>rchi ant<u>i</u>chi   (*penultimate syllable is stressed*)

Ma (*but*):

un m<u>e</u>dico simp<u>a</u>tico → due m<u>e</u>dici simp<u>a</u>tici (*third-to-last syllable is stresssed*)

Nouns and adjectives that end in **-go** generally retain the hard **g** sound in the plural regardless of the stress pattern, except for professions ending in **-ologo**, which change to a soft **g** sound. For example:

lun**go** → lun**ghi**

Ma, attenzione!

un musicolo**go** → musicolo**gi**

Can you think of one common word that is an exception to this rule? Hint: You'll find it in the title of Chapter 14: **amico** → **amici**.

VOCABOLARIO

Everyday words

albergo	hotel
amare	to love
amico	friend
conoscere	to know
la gente	people
gioco	game
giovanissimo	very young
sciare	to ski
simpatico	nice, cool
specializzato	specialized

Completare le frasi con le parole indicate tra parentesi. *(Fill in the blanks with the correct form of the words in parentheses.)*

Io e i miei _____ (amico) andiamo spesso in un _____ (albergo) elegante con grandi saloni e mobili _____ (antico). Conosciamo due

_____ (medico) specializzati nella medicina dello sport. Abbiamo provato un

nuovo sport che si chiama «snowboarding». I nostri istruttori sono dei giovanissimi ragazzi

con i capelli _____ (lungo) e i pantaloni _____ (largo). Che

_____ (simpatico)!

 **·13·**

Quando?
Days of the week

I giorni della settimana (*Days of the week*)

domenica	Sunday
lunedì	Monday
martedì	Tuesday
mercoledì	Wednesday
giovedì	Thursday
venerdì	Friday
sabato	Saturday

In Italian the days of the week are not capitalized as they are in English. They are all masculine, except for **domenica**.

NOTA BENE: The final i in the weekdays is written with an accent, and does not change in the plural.

The definite article is used with a day of the week to indicate repeated weekly occurrences (e.g., *on Mondays*):

Gioco a tennis **giovedì**.	*Thursday I'm playing tennis.*
Il giovedì gioco a tennis.	*On Thursdays I play tennis.*

 ESERCIZIO
13·1

Leggere il calendario di Isabella e completare le frasi seguenti.
(Read Isabella's schedule and complete the sentences with the days of the week, with or without the article as needed.)

	LUNEDÌ	MARTEDÌ	MERCOLEDÌ	GIOVEDÌ	VENERDÌ	SABATO	DOMENICA
10:00	Chimica	Yoga	Chimica	Appunt. prof. Rossi	Chimica	Yoga	Colazione con Gaia
12:00	Italiano	Storia	Italiano	Storia			
2:00	Yoga	Letteratura francese	Yoga	Letteratura	Yoga	Parrucchiere (*hair salon*)	Cinema Pasquino

1. Ha sempre lezione di storia _il martedì e il giovedì_

2. Ha sempre lezione di yoga _____.

3. Ha un appuntamento con Gaia _____.

4. Va al cinema _____.

5. Ha sempre lezione d'italiano _____.

6. Ha un appuntamento dal parrucchiere _____.

ESERCIZIO

13·2

Isabella scrive una mail a Giorgio, descrivendo il suo orario (vedi sopra). Completare le frasi con i giorni della settimana appropriati con o senza l'articolo secondo il caso. *(Isabella writes an e-mail to Giorgio. She tells him about her schedule [see above] so that they can make a time to meet. Fill in the blanks with the correct days of the week with the article if necessary).*

Caro Giorgio,

Come stai? Io bene, ma sono molto presa (*busy*) con l'università. Il corso d'italiano mi piace

moltissimo, ma è molto impegnativo. Ho lezione d'italiano _____

e _____. Quando ci vediamo? L'unico giorno durante la settimana in cui ho

una pausa è _____. Questo fine settimana, però, sono libera all'ora di pranzo.

Vuoi pranzare da me _____ o _____? E _____

pomeriggio io e Susie andiamo a vedere *Mamma Roma* di Pasolini. Vuoi venire anche tu?

Ciao, Isabella

I miei amici
Possessive adjectives

MASCULINE SINGULAR	FEMININE SINGULAR	MASCULINE PLURAL	FEMININE PLURAL	
mio	mia	miei	mie	*my*
tuo	tua	tuoi	tue	*your*
suo	sua	suoi	sue	*his, her*
nostro	nostra	nostri	nostre	*our*
vostro	vostra	vostri	vostre	*your*
loro	loro	loro	loro	*their*

POSSESSIVE ADJECTIVES

Possessive adjectives in Italian agree with the noun possessed and not with the possessor. They have four possible endings: **-o, -a, -i, -e.** They are preceded by the definite articles **il, la, i,** or **le,** except when used with members of the family. **Loro** is the only form that never changes its ending:

SINGULAR		PLURAL	
il mio libr**o**	*my book*	i miei libr**i**	*my books*
la tua amic**a**	*your friend*	le tue amic**he**	*your friends*
il nostro studi**o**	*our studio*	i nostri stud**i**	*our studios*

Ma

la **loro** amica	*your friend*	le **loro** amiche	*your friends*

Notice that the masculine plural forms of **mio, tuo,** and **suo** are irregular. The third person singular forms reflect the gender of the object rather than the possessor and that the form for *her* and *his* are the same in Italian. If clarification is needed, **di** + proper name, **di lui** or **di lei** can be used after the noun: **il libro di lui, la casa di lei,** l'amica di Giovanni.

Completare ogni frase con l'aggettivo possessivo appropriato. *(Fill in the blanks with the appropriate possessive adjective.)*

1. Noi abbiamo una casa. La _____ casa è grande.

2. Hanno una macchina. La _____ macchina è rossa.

3. Soldini ha fatto un film. Il _____ ultimo film è bellissimo.

4. Seguite un corso di cinema. Il _____ corso è interessante.

5. Ho un cane simpatico. Il _____ cane è piccolo.

6. Hai una bella bicicletta? Sì, la _____ bici è una Bianchi.

7. Quel prof scrive molto. I _____ libri sono incomprensibili.

Cambiare il soggetto di questo esercizio dalla prima persona alla terza persona cambiando i verbi e gli aggettivi secondo il caso. *(Change the subject of this exercise from the first person to the third person [Roberto] changing the verbs and adjectives.)*

1. Da un anno vivo in un appartamento in centro.

   Da un anno Roberto vive in un appartamento in centro.

2. È più piccolo del mio vecchio appartamento ma ora vivo sola ed è abbastanza grande.

   _____

3. Preferisco stare al centro perché non ho più una macchina.

   _____

4. La benzina costa molto e poi è difficile trovare parcheggio.

   _____

5. Ora la mia vita è molto più semplice di prima.

   _____

6. Prendo la metropolitana (*subway*) e posso andare a piedi al cinema o in pizzeria.

   _____

7. Abito vicino alla mia famiglia e ai miei compagni di università.

   _____

8. Sono molto contenta della mia nuova casa!

   _____

Cambiare le frasi dal singolare al plurale. *(Change the following sentences from singular to plural.)*

1. Il mio cane è simpatico. *I miei cani sono simpatici.*

2. La mia amica è italiana. _____

3. Il mio motorino è vecchio. _____

4. Il suo cane è bianco. _____

5. La nostra compagna di classe è francese. _____

6. La loro situazione è disastrosa. _____

7. La vostra casa è grande. _____

Siamo a Venezia! Prepositions **a**, **in**, **di**

Prepositions **a**, **in**

The prepositions **a** and **in** can both be used to express the prepositions *in* or *to* in English.

When used with geographical places, **a** is used with cities:

Abito **a Roma**.   *I live **in Rome**.*

When referring to places bigger than a city, such as a region, an island, a state, a country, or a continent, **in** is used:

Abito **in Italia**.   *I live **in Italy**.*

NOTA BENE: An easy way to remember this rule is to associate the smaller word **a** with cities, and the larger word **in** with places larger than a city.

ESERCIZIO

15·1

Completare ogni frase con la preposizione appropriata. *(Fill in the blanks with the appropriate preposition.)*

1. Abiti _____ Milano?

2. Marco lavora _____ Francia.

3. Andrea e Lucia studiano _____ Chicago.

4. Ci sono belle scarpe _____ Italia!

5. Perché non torniamo _____ Toscana?

6. Arrivo _____ Napoli stasera tardi.

The preposition **in** is also used with means of transport:

Torno **in** macchina.   *I am returning by car.*

Come andiamo a Venezia? (*Transport*)

in aereo	by plane
in autobus	by bus
in automobile	by car
in barca	by boat
in metropolitana	by subway
in nave	by ship
in pullman	by bus
in tassì	by cab
in traghetto	by ferry
in treno	by train
in vespa	by scooter
ma... a piedi	on foot

ESERCIZIO
15·2

Completare il paragrafo con le preposizioni appropriate. *(Fill in the blanks in the following paragraph with the appropriate prepositions.)*

Lavoro e abito _____ Chicago, ma ogni estate torno _____ Italia, _____ Venezia.

Viaggio _____ aereo da Chicago _____ Milano, e poi vado _____ pullman fino al centro.

Resto in albergo per una o due notti e poi vado alla stazione ferroviaria dove compro il

biglietto per Venezia. Mi piace andare _____ Venezia perché il viaggio è breve e molto

rilassante. Mi emoziono sempre quando attraverso il ponte che porta dalla terra ferma

_____ Venezia e vedo apparire (*appear*) tra la nebbia (*mist*) questa città magica.

Angolo culturale (*Culture corner*)

Regione o capoluogo? (*Region or capital?*)

L'Italia ha un totale di venti regioni, e ogni regione ha un capoluogo. Generalmente usiamo la preposizione *in* con le regioni e *a* con le città. Ecco alcune regioni con i loro capoluoghi.

Regione	Capoluogo
Campania	Napoli
Emilia Romagna	Bologna
Lazio	Roma
Liguria	Genova
Lombardia	Milano
Piemonte	Torino
Sardegna	Cagliari
Sicilia	Palermo
Toscana	Firenze
Veneto	Venezia

ESERCIZIO 15·3

Un po' di geografia. Scrivere la regione per ogni città. (*Write the region for each city.*)

1. Cagliari   _____
2. Venezia   _____
3. Torino   _____
4. Palermo   _____
5. Roma   _____
6. Milano   _____

Preposition **di**

Another frequently used preposition is **di**. Although it commonly translates as *of*, it has a broader use in Italian than in English and is used to express:

✓ a specific amount

    Compro una bottiglia di vino.   *I buy a bottle of wine.*

✓ possession

    Il libro è di Mario.   *The book is Mario's.*

✓ the city of origin

    Antonio è di Madrid.   *Antonio is from Madrid.*

ESERCIZIO 15·4

Completare ogni frase con la preposizione *a*, *in* o *di*. (*Fill in the blanks with the preposition **a**, **in**, or **di**.*)

1. In estate lavoro _____ Toscana.

2. La madre _____ Piero è _____ Venezia.

3. Abito _____ New York ma sono _____ Chicago.

4. I film _____ Almodovar sono divertenti.

5. Il professor Rossi è docente (*instructor*) _____ matematica.

6. Questo vestito (*dress*) è _____ cotone.

7. Torno a Santa Fe _____ treno.

8. L'amica _____ mio fratello è bella e simpatica.

Capitoli 11–15

ESERCIZIO

R3·1

Scrivere in cifre le seguenti espressioni numeriche. *(Write the following expressions in numerals.)*

1. duemilaseicentotrè _2.603_

2. trecentonovantasette _____

3. millenovecentosessantotto *(date)* _____

4. tre miliardi e quattrocento milioni _____

5. un milione e trecentodiecimila _____

6. diciassettemilaottocentotrentatrè _____

7. sessantatremiladuecentosei _____

8. duemilaundici *(date)* _____

9. milleseicentottantacinque *(date)* _____

10. sei miliardi _____

11. un terzo _____

12. un decimo _____

13. quattro quinti _____

14. mezzo _____

ESERCIZIO

R3·2

Completare la tabella con gli articoli e i sostantivi al singolare e al plurale. *(Fill in the blanks with the appropriate definite article and singular or plural form of the noun.)*

1. __*il*__ dialogo   i __*dialoghi*__

2. _____ programma   i _____

3. la _____   _____ tesi

4. l'_____   _____ amici

5. _____ albergo   gli _____

6. _____ amica   le _____

ESERCIZIO

R3·3

Cambiare i sostantivi e gli aggettivi dal singolare al plurale o viceversa. *(Change the following from singular to plural, or vice versa.)*

1. mio fratello *i miei fratelli*

2. tua zia _____

3. le mie classi _____

4. il suo ristorante _____

5. il nostro libro _____

6. la loro situazione _____

7. i vostri amici _____

8. le mie sorelle _____

9. i loro problemi _____

10. la sua moto _____

ESERCIZIO

R3·4

Completare la lettera con le preposizioni *a*, *in* o *di*. *(Complete the letter with the prepositions **a**, **in**, or **di**.)*

Caro Francesco,

Come stai? Io bene. Sono _____ Roma per una settimana e poi vado _____ Piemonte per lavoro. Un professore _____ Torino mi ha invitato a fare una mostra delle mie fotografie, e così io e Marta andiamo _____ treno giovedì e quando arriviamo _____ Torino andiamo _____ stare _____ un albergo _____ Piazza Amedeo.

Angolo culturale (*Culture corner*)

Venezia: Una città sull'acqua (*Venice: A city on the water*)

VOCABOLARIO	
attraversare	to cross
beneficienza	benefit, charity
la calle	Venetian street
campo	Venetian square, piazza
costruire	to build
incantevole	enchanting
riempire	to fill
stretto	narrow

ESERCIZIO
R3·5

Completare le frasi con i numeri indicati tra parentesi. *(Fill in the blanks writing out the numbers in parentheses, or the prepositions **a**, **con**, or **per**.)*

Venezia è una città incantevole, costruita su più di _____ (100) isole. Ci sono

più di _____ (350) ponti che attraversano i canali. Il ponte più recente

è stato progettato dal grande architetto spagnolo Santiago Calatrava. _____

Venezia le piazze si chiamano «campi», e le strade si chiamano «calli». La piazza più grande

è la magnifica Piazza San Marco _____ la stupenda basilica di San Marco.

Venezia ha anche un importante teatro dell'opera, la Fenice, che presenta musicisti di tutto

il mondo e dove *La Traviata* e *Rigoletto* di Giuseppe Verdi hanno avuto la prima esecuzione

mondiale (*world premiere*). Nel _____ (1996) questo teatro è stato

distrutto da un incendio (*fire*). Attori e musicist da tutto il mondo hanno collaborato

presentando, concerti di beneficienza _____ la ricostruzione dello storico

teatro.

Grammar

Vocabulary

Culture corner

Avere o essere?
What's your personality?

Expressions with **avere**

In the following expressions, the verb **avere** (*to have*) is used instead of the verb **essere** (*to be*). Whereas in English we say "I *am* hungry, I *am* thirsty," in Italian we say "I *have* hunger, I *have* thirst."

VOCABOLARIO

Common expressions with **avere**

avere... anni	*to be . . . years old*
avere bisogno	*to need*
avere caldo	*to be hot*
avere fame	*to be hungry*
avere freddo	*to be cold*
avere fretta	*to be in a hurry*
avere paura	*to be afraid*
avere ragione	*to be right*
avere sonno	*to be sleepy*
avere sete	*to be thirsty*
avere torto	*to be wrong*

ESERCIZIO
16·1

Sottolineare la frase più logica. *(Underline the phrase that is the more logical.)*

1. Quando ho fame **bevo una Coca-Cola / mangio un panino**.

2. Quando gioco a tennis **ho sonno / ho sete**.

3. Ho paura di volare e prendo **il treno / la pizza**.

4. Quando mi sveglio tardi **ho caldo / ho fretta**.

5. Quando nevica (*it snows*) **ho fretta / ho freddo**.

6. Vado in banca perché **ho bisogno / ho ragione** di soldi.

Perché? **Abbinare le frasi con *avere* alle risposte appropriate.** (*Connect the **avere** espressions with the appropriate responses.*)

_____ 1. Ho freddo!   a. Perché non mangi una pizza?

_____ 2. Hai sete?   b. Vuoi una coperta?

_____ 3. Papà ha fretta.   c. Prendi un bicchiere di acqua minerale!

_____ 4. Ho fame!   d. Non ha sentito la sveglia (*alarm clock*).

_____ 5. Ho sonno!   e. Perché non apri la finestra?

_____ 6. Ho caldo!   f. Perché non dormi un po'?

Altri aggettivi

VOCABOLARIO

Che tipo sei? (*Describing your personality*)

arrabbiato	angry
beneducato	well-mannered
indisciplinato	undisciplined
pigro	lazy
simpatico	nice, likeable
studioso	studious

Most adjectives in Italian are used with the verb **essere**, as in English. In the following list of common expressions, which describe you best?

Sono arrabbiato/a.	*I'm angry.*
Sono arrogante.	*I'm arrogant.*
Sono coraggioso/a.	*I'm brave.*
Sono contento/a.	*I'm happy.*
Sono giovane.	*I'm young.*
Sono intelligente.	*I'm intelligent.*
Sono pigro/a.	*I'm lazy.*
Sono simpatico/a.	*I'm nice.*
Sono studioso/a.	*I'm studious.*
Sono timido/a.	*I'm shy.*

La maestra non è contenta del comportamento di Pierino, ma la mamma di lui non è d'accordo. Abbinare la frase a sinistra con quella più logica a destra.
(The teacher is upset with Pierino, but his mother disagrees with her. Match the sentence on the left with its logical response.)

MAESTRA

1. Ha problemi con la matematica.

2. Pierino è indisciplinato.

3. Pierino ha sempre torto.

4. Pierino non studia mai.

5. Pierino ha paura della maestra.

MADRE

a. Ma no, Pierino è molto beneducato!

b. Ma no, Pierino ha sempre ragione!

c. Ma no, Pierino studia sempre!

d. Ma no, Pierino non ha paura di nessuno!

e. Ma no, Pierino è bravo in matematica!

Brrr! Ho freddo!
Months, holidays, and seasons

VOCABOLARIO

Months of the year

gennaio	January	**luglio**	July
febbraio	February	**agosto**	August
marzo	March	**settembre**	September
aprile	April	**ottobre**	October
maggio	May	**novembre**	November
giugno	June	**dicembre**	December

ESERCIZIO
17·1

Cercare i mesi. *(Here's a short poem about the months in Italian. Fill in the missing letters.)*

Trenta giorni ha n__v__m__r__

con a__r__l__, __i__g__o, e s__t__e__b__e,

di ventotto ce n'è uno,

tutti gli altri ne hanno trentuno.

NOTA BENE: In Italian, months and days of the week are not capitalized. With the months and seasons the preposition **in** is used without an article, but when referring to a specific day the definite article **il** (for **giorno**) is used before the date. Cardinal numbers are used for every day except for the first of the month, which is expressed as **il primo**. For example:

Ho una vacanza **in** marzo.	*I have vacation in March.*
La mia vacanza comincia **il** 20 dicembre.	*My vacation starts on December 20.*
Il mio compleanno è **il primo** aprile.	*My birthday is on April 1.*

Holidays and seasons

autunno	autumn
capodanno	New Year's Day
l'estate	summer
festa	holiday
festeggiare	to celebrate
giorno	day
inverno	winter
mese	month
il Natale	Christmas Day
Pasqua	Easter
primavera	spring
regalare	to give a present
la stagione	season

Everyday words

coperta	blanket
corto	short
dire	to say
donna	woman
il fiore	flower
lavoro	work
mimosa	yellow flower given on March 8
sveglia	alarm clock

ESERCIZIO

17·2

Rispondere alle domande. *(Answer the questions.)*

1. Quali mesi hanno trentuno giorni? G _ _ _ _ _, m_ _r_ _o, m_ _g_ _i_ _, a_ _o_ _t_ _, _ _t_ _o_ _r_ _, d_ _c_ _m_ _r_ _.

2. Qual è il mese più corto? _ _ _ _ _ _ _ _ _.

3. Quali mesi hanno solo trenta giorni? A_ _r_ _l_ _, g_ _u_ _n_ _, _ _e_ _t_ _m_ _r_ _, n_ _v_ _m_ _r_ _.

Angolo culturale (*Culture corner*)

Buone feste! (*Happy holidays!*)

Il primo gennaio è il primo dell'anno, e diciamo «Buon anno»! Il 14 febbraio è San Valentino, e diciamo «Ti amo»! L'8 marzo è la festa della donna e regaliamo le mimose. Il 25 aprile è l'anniversario della liberazione dall'occupazione nazista.

Il 1 maggio è la festa dei lavoratori. Il 2 giugno è la festa della repubblica italiana. Il 15 agosto è Ferragosto e andiamo tutti al mare! Il 25 dicembre diciamo «Buon Natale»!

ESERCIZIO
17·3

Rispondi con le date giuste. *(Fill in the blanks with the correct date.)*

Quando è...

1. la festa di San Valentino? *il 14 febbraio*

2. la Festa della Repubblica? _____

3. la Festa del Lavoro? _____

4. il giorno di Natale? _____

5. Ferragosto? _____

6. la Festa della Liberazione? _____

ESERCIZIO
17·4

In che mese o stagione siamo? *(What month or season are we in?)*

1. La stagione più fredda è _____.

2. Il mese prima di gennaio è _____.

3. La stagione più calda è _____.

4. I mesi dell'estate sono _____, _____, _____ e _____.

5. La stagione dei fiori è _____.

6. Il mese più corto è _____.

Come sta, professore?
Formal vs. informal
Irregular verb **fare**

Formal vs. informal

In direct speech, the **tu** verb form is used with one person, the **voi** form with more than one, and the **Lei** form with someone with whom you are not on a first-name basis, such as clerks, professors, doctors, etc. As we saw in Chapter 1, the greeting ciao is used with friends and family, while **buongiorno**, **buonasera**, and **arrivederci** are used in formal situations. The third person singular pronoun **Lei**, therefore, can mean *she*, or it can mean the formal *you*, and is used to speak with people of all genders with whom you have a formal relationship. In speaking with a group of people, the third person plural form, **Loro** may be used but the less formal voi has gradually become the preferred form for both formal and informal situations. In formal letters or emails, **Lei** or **Loro** are capitalized to distinguish them from the third person form. Writing, the first letter is often capitalized for clarity.

In Italy, formal or professional titles are used frequently:

| VOCABOLARIO |

Some common titles

signora	*Mrs., Ms.*
signore	*Mr.*
signorina	*Miss*
architetto (*m., f.*)	*architect*
avvocato (*m., f.*)	*lawyer*
dottore, dottoressa	*doctor*
ingegnere (*m., f.*)	*engineer*
professore, professoressa	*professor*

These titles are not capitalized, and those ending in -**e** drop this final -**e** when followed by a proper name: **signor** Rossi, **dottor** Bartoli, **professor** Fermi, **ingegner** Monti.

Sottolineare il saluto appropriato e la forma corretta del verbo. (*Underline the appropriate form of greeting and the correct verb form.*)

1. Ciao/Buonasera, signor Rossi. Come sta/stai?

2. Oh, buongiorno/ciao Maria. Dove va/vai?

3. Avvocato, come va/vai?

4. Ingegnere, dove lavori/lavora Lei?

5. Loro, signori, dove cenate/cenano (*to have supper*) stasera?

6. Ciao/Buonasera mamma, cosa prepari/prepara per la cena?

Cambiare le domande dall'informale al formale. (*Change the following questions from informal to formal.*)

1. Come stai? _____

2. Parlate italiano? _____

3. Capisci il francese? _____

4. Abiti a Roma? _____

5. Cosa scrivete? _____

6. Dove lavori? _____

7. Preferisci il vino bianco o rosso? _____

8. Vendete le biciclette Bianchi? _____

Cosa dici? Abbinare le situazioni alle frasi appropriate. (*Match the situations with the sentences.*)

_____ 1. Vedi il tuo professore.   a. Ehi, Antonella, come stai?

_____ 2. Parli con il medico.   b. Grazie, buonasera.

_____ 3. Saluti il cameriere al ristorante.   c. Ciao, Amanda, sono Benedetta.

_____ 4. Vedi una tua amica per strada.   d. Buongiorno, professore.

_____ 5. Telefoni a una tua amica.   e. Senta, dottore, ho un gran mal di testa.

Irregular verb **fare**

The present tense of **fare** (*to do, make*) is irregular and must be memorized.

(io) faccio	(noi) facciamo
(tu) fai	(voi) fate
(lui, lei, Lei) fa	(loro) fanno

There are many common idioms, or expressions, with **fare**:

fare un bagno	*to take a bath*
fa caldo	*it's hot* (*weather*)
fare colazione	*to have breakfast*
fare una foto	*to take a picture*
fa freddo	*it's cold* (*weather*)
fare la spesa	*to go grocery shopping*
fare un viaggio	*to take a trip*

Nota bene: Weather expressions use the third person singular form of fare:

fa bello	*it's nice out*
fa brutto	*it's bad weather*
fa freddo	*it's cold*

Fare is also used with professions. *I am a dentist* is expressed as:

Faccio il dentista.	(**with** the **definite** article)
Sono dentista.	(**without** the article)

ESERCIZIO

18·4

Completare le frasi con una delle seguenti espressioni. Non dimenticare di coniugare il verbo. (*Complete the sentences with one of the following expressions. Don't forget to conjugate the verb.*)

fare l'avvocato	fare colazione	fare una foto
fare freddo	fare la spesa	fare un viaggio

1. Generalmente gli italiani _____ al bar.

2. Mia madre _____ al mercato.

3. Durante le vacanze (noi) _____ in Europa.

4. Mio padre _____ e lavora in tribunale (*courtroom*).

5. Brrr! _____ e non voglio uscire!

6. Mia sorella _____ con il suo cellulare.

Angolo culturale (*Culture corner*)

Il bar italiano (*The Italian café*)

VOCABOLARIO	
cena	dinner
fare colazione	to have breakfast
mezzogiorno	noon
pranzo	lunch
spuntino	snack
vuoto	empty

L'italiano tipico va al bar almeno tre o quattro volte al giorno. La mattina fa colazione al bar e prende un caffè o un cappuccino e un cornetto. C'è il cornetto con la crema, con la marmellata, o vuoto. Verso mezzogiorno prende un aperitivo con un'amico, e dopo pranzo ritorna al bar per prendere un caffè prima di tornare al lavoro. Molti bar in Italia fanno una *happy hour* nel tardo pomeriggio dove si può bere qualcosa e fare uno spuntino. In estate dopo cena si va spesso con gli amici al bar per prendere una bibita, un gelato o un caffè.

Dove vai questo fine settimana?
Irregular verb **andare**
More on the preposition **in**

·19·

Conjugation of the verb **andare**

Andare is an important verb that is used in many common expressions.

andare (*to go*)

(io) vado	(noi) andiamo
(to) vai	(voi) andate
(lui, lei, Lei) va	(loro) vanno

Andare is often used with a means of transport. To go biking, to drive, to walk—all use the verb **andare**:

vado in bici	*I'm biking*
vado in macchina	*I'm driving*
vado a piedi	*I am walking*
vado in treno	*I'm going by train*

ESERCIZIO
19·1

Completare le frasi con la forma corretta di *andare*. *(Complete the sentences with the correct form of **andare**.)*

1. Giovanni, dove _____?

2. (Io) _____ al cinema.

3. Francesco ed io _____ sempre in Italia d'estate.

4. Tu e tua sorella _____ mai a teatro?

5. Come (tu) _____ al lavoro? _____ in autobus.

6. Dottor Rossi, dove _____ stasera? _____ a un concerto.

Nota bene: When you want to express that you are *about to do* something, the preposition **a** is also used to link the verb **andare** with another verb. **Attenzione: Andare** is never used to express future action. The third person is also used colloquially to describe how something is going.

Vado **a** studiare.	*I am going to study.*
Come **va** la scuola?	*How is school going?*
Andiamo al cinema? **Va** bene.	*Shall we go to the movies? OK.*

More on the preposition **in**

The preposition **in** without the article is used for the following:

- ✓ With the verb **andare** + means of transport

    Vado in Francia **in treno**.

- ✓ With rooms of the house

    Mangio **in** cucina.

- ✓ With parts of the city, such as piazzas, streets, downtown (**centro**)

    Abito **in** via Veneto.

- ✓ With public buildings

    Studio **in** biblioteca.

VOCABOLARIO

Il tempo libero (*Free time*)

NOMI		VERBI	
calcio	soccer (or football, Italy's national sport)	**viaggiare**	to travel
		andare in palestra	to go to the gym
giocatore	a player	**ballare**	to dance
nuoto	swimming	**giocare**	to play
pallacanestro	basketball	**guardare la TV**	to watch TV
pallavolo	volleyball	**leggere**	to read
gli sport	sports	**sciare**	to ski
il tennis	tennis	**suonare uno strumento**	to play an instrument

Che sport è? Scrivere il nome dello sport descritto in ogni frase. *(Write the name of the sport described in each sentence.)*

1. È lo sport nazionale italiano. _____

2. Questo sport si fa in acqua. _____

3. È uno sport che si fa in montagna. _____

4. Michael Jordan è un campione di questo sport. _____

5. Ci sono due giocatori, una palla e due racchette. _____

Angolo culturale (*Culture corner*)

La Vespa e il motorino (*The Vespa and the moped*)

Nelle grandi città italiane girano migliaia di automobili, creando un grande traffico nelle strade antiche e strette. Ma la Vespa, nata proprio in Italia nel dopoguerra, e il motorino sono usati ovunque per superare il problema del traffico. Se si abita in un clima mite (*mild*) questi mezzi sono perfetti. Consumano poca benzina (*gas*) e riescono a svincolarsi anche nel traffico peggiore. Si vedono uomini d'affari con giacca e cravatta, studenti, e donne in carriera che vanno al lavoro, a scuola e al centro in Vespa o in motorino. Ora ci sono nuovi modelli elettrici silenziosi e ancora più ecologici. Naturalmente è importante portare sempre il casco (*helmet*) e guidare con cautela.

Non lo so!
Sapere vs. conoscere
Questo, quello, and bello

VOCABOLARIO

Le arti (*The arts*)

cantare	to sing
dipingere	to paint
dipinto	a painting
museo	museum
pittore (*m.*), pittrice (*f.*)	painter
scultore (*m.*), scultrice (*f.*)	sculptor
scultura	sculpture
statua	statue

Sapere vs. conoscere

Both **sapere** and **conoscere** translate as *to know*, but they are used in different ways. **Sapere** followed by a verb means to know *how* to do something. For example:

> Giovanni **sa cantare** molto bene.   *Giovanni knows how to sing very well.*

Sapere followed by **che**, **dove**, **quando**, **perché** + a verb phrase means to have knowledge of a fact or information:

> Non **so dove abita** il professore.   *I don't know where the professor lives.*

Conoscere followed by a noun means *to be acquainted* or *familiar* with something or someone:

> Marianna **conosce** bene Roma.   *Marianna knows Rome well.*
> **Conosci** quella statua del Bernini?   *Do you know that statue by Bernini?*

Conoscere is a regular -**ere** verb, while **sapere** is irregular in the present tense. Notice how similar **sapere** is to **avere**:

	SAPERE *(TO KNOW)*	AVERE *(TO HAVE)*
(io)	so	ho
(tu)	sai	hai
(lui, lei, Lei)	sa	ha
(noi)	sappiamo	abbiamo
(voi)	sapete	avete
(loro)	sanno	hanno

ESERCIZIO

20·1

Completare le frase con le verbe *conoscere* o *sapere*. *(Fill in the blanks with* ***conoscere*** *or* ***sapere.****)*

1. Roberto non _____ quando è nato Michelangelo.

2. Voi non _____ la ragazza di Stefano?

3. Tu _____ il Davide di Donatello?

4. Noi _____ la statua ma non _____ dov'è il museo.

5. Gli studenti _____ dov'è Piazza della Signoria?

6. Io non _____ bene quel museo.

ESERCIZIO

20·2

Completare questa mail con *sapere* o *conoscere*. *(Fill in the blanks of this e-mail with* ***sapere*** *or* ***conoscere.****)*

Cara Anna,

Non _____ quando torni a Roma ma volevo chiederti un favore. In classe di

storia dell'arte studiamo l'arte di Caravaggio. Io e Marina dobbiamo fare una presentazione.

L'unico problema è che non conosciamo i dipinti di Caravaggio, e dobbiamo andare a

vederli prima di scrivere la presentazione. Se sei libera, possiamo andare insieme alla

chiesa di Santa Maria del Popolo per vedere due dipinti importanti di Caravaggio? Non

_____ bene Roma, e non _____ come arrivare a questa chiesa da

casa mia. Dopo possiamo andare a mangiare insieme. _____ un buon

ristorante vicino a Piazza del Popolo. Offro io!

Questo, quello, and bello

Questo (*this*) and **quello** (*that*) are common adjectives that precede the noun. **Questo** is a four-form adjective and therefore changes only its final letter. **Quello** has the added feature of combining with the definite article of the noun that follows. Notice in the examples how the form of **quello** changes. The adjective **bello** (*beautiful*) also generally precedes the noun and follows the same rule as **quello**. When these adjectives are followed by an article they follow the same pattern as the prepositions and articles on page 121.

MASCULINE SINGULAR			MASCULINE PLURAL	
Questo dipinto	il dipinto	quel dipinto	i dipinti	quei dipinti
Questo* amico	l'amico	quell'amico	gli amici	quegli amici
Questo studio	lo studio	quello studio	gli studi	quegli studi

FEMININE SINGULAR			FEMININE PLURAL	
questa statua	la statua	quella statua	le statue	quelle statue
questa* arte	l'arte	quell'arte	le arti	quelle arti

*Before a vowel, **questo** and **questa** often contract to **quest'**. This is optional.

The adjective **bello** follows the same patterns as **quello**:

SINGULAR	PLURAL
il **bel** dipinto	i **bei** dipinti
il **bell'**amico	i **begli** amici
il **bello** studio	i **begli** studi
la **bella** statua	le **belle** statue
la **bell'**arte	le **belle** arti

NOTA BENE: If there is no **l** in the article, there will be no **l** in the demonstrative adjective **quello** and **bello**:

    i libri   **quei** libri   **bei** libri

ESERCIZIO
20·3

Aggiungere la forma corretta di *questo, quello, o bello.* (*Fill in the spaces with the correct form of **questo, quello,** or **bello**.*)

QUESTO	QUELLO	BELLO
1. _____ dipinto	_____ dipinto	_____ dipinti
2. _____ museo	_____ museo	_____ musei
3. _____ scultore	_____ scultore	_____ scultore
4. _____ artista (f.)	_____ artista (f.)	_____ artista (f.)

Capitoli 16–20

ESERCIZIO
R4·1

Completare con una frase logica coniugando il verbo *avere*.
*(Complete the sentences with an **avere** phrase keeping the same subject.)*

avere caldo	avere fame	avere fretta
avere sedici anni	avere sete	avere sonno

1. Beviamo l'acqua perché _____.

2. Mangio un panino perché _____.

3. Prende il tassì quando _____.

4. Dormite quando _____.

5. Accendi l'aria condizionata se _____.

6. È molto ribelle perché _____.

ESERCIZIO
R4·2

Completare la tabella con le forme corrette del verbo. *(Complete the chart with the correct forms of the verbs.)*

FARE	ANDARE
1. _____	vado
2. fai	_____
3. _____	va
4. facciamo	_____
5. _____	andate
6. fanno	_____

Riscrivere la conversazione dall'informale al formale cambiando le parole in neretto. (*Rewrite the conversation from the informal to the formal by changing the words in bold.*)

1. —Come **stai,** Francesca? È tanto che non ci vediamo!

_____

—Bene, grazie, e **tu**?

_____

2. —Sto benissimo. Cosa **fai** a Venezia?

_____

—Sono venuta per il Festival del Cinema. Anche **tu sei** qui per lavoro?

_____

3. —Sì, ora faccio il giornalista e il giornale vuole un articolo sul festival. Che fame! **Vuoi** prendere qualcosa al bar?

_____

—Volentieri. **Sai**, sono nervosissima perché stasera presentano il mio documentario.

_____

4. —Congratulazioni! Di che cosa parla il **tuo** film?

_____

—È un film sull'immigrazione. **Vai** a vedere l'ultimo film di Soldini? Dicono che è bellissimo.

_____

5. —Sì, se **vuoi,** ho un biglietto in più per quel film.

_____

—Davvero? **Sei** gentilissima. E io ho due biglietti per l'ultimo film di Bellocchio. Devo scrivere una recensione (*review*). Se **vuoi** possiamo andare insieme.

_____

6. —Grazie, ma purtroppo stasera non posso perché vado a una conferenza. Eccoci al caffè. Cosa **prendi**?

_____

—Prendo una pizzetta e un bicchiere di acqua minerale. E **tu**?

_____

Scrivere la forma corretta dell'aggettivo dimostrativo quello, e cambiare al plurale. *(Write the correct form of the demonstrative adjective **quello** and change to the plural.)*

1. _____*quel*_____ film   *quei film* _____

2. _____ amico   _____

3. _____ regista (*f.*)   _____

4. _____ attore   _____

5. _____ studente (*m.*)   _____

6. _____ ristorante   _____

7. _____ sport   _____

8. _____ scultore   _____

Grammar

Vocabulary

Culture corner

Hai studiato ieri? Present perfect Expressions of time

The passato prossimo

The **passato prossimo** (present perfect) is used with actions that have already taken place. While the present indicative is expressed by one word (**mangio**), the passato prossimo consists of two words, **ho mangiato** (*I ate*). The first, the auxiliary verb, is the present tense of **avere**, and the second, **mangiato**, is the participle of the main verb. The participle is formed by changing the infinitive ending of regular -**are**, -**ere**, and **ire** verbs as follows:

$$-are \rightarrow -ato \qquad -ere \rightarrow -uto \qquad -ire \rightarrow -ito$$

Una domanda (*A question*): Look at the three participle endings; find the one with the different pattern, and explain the difference.

VOCABOLARIO

Regular verbs that take **avere**

avere	to have
cantare	to sing
capire	to understand
dormire	to sleep
lavorare	to work
mandare	to send
perdere	to lose
preferire	to prefer
sapere	to know
sentire	to feel, listen
suonare	to play (a musical instrument)
vendere	to sell

ESERCIZIO
21·1

Abbinare le colonne per formare una frase logica. *(Connect each opening phrase with its completion by writing the correct letter in the space.)*

_____ 1. Ieri ho cantato

_____ 2. Hai saputo che

_____ 3. Sto male e

_____ 4. Noi abbiamo ascoltato

_____ 5. Mia sorella

_____ 6. L'Italia ha perduto

_____ 7. Non hanno capito

a. una parola del tuo discorso!

b. la partita contro la Spagna.

c. per un direttore d'orchestra.

d. ha mandato una cartolina dal Brasile.

e. un programma interessante alla radio.

f. domani arriva la nuova direttrice?

g. ho dormito tutto il giorno!

Expressions of time

The expressions of time **ieri**, **l'altro ieri**, **ieri sera**, **una settimana fa**, **l'anno scorso** give specific information about *when* something occurred in the past. **Altro** and **scorso** are both adjectives and therefore must agree with the noun they are describing. These expressions usually appear just before the noun but can also be used at the end of the sentence:

> Ho sentito un bellissimo concerto **ieri**.
> La settimana scors**a** Lucia ha studiato molto.

ESERCIZIO
21·2

Eleonora guarda il suo calendario per dire al suo capo quello che ha fatto la scorsa settimana. Completare le frasi con una parola dall'elenco e con la forma corretta del verbo indicato tra parentesi. *(Eleonora is looking back at her calendar to tell her supervisor what she did last week. Fill in the blanks with a word from the list below and with the correct form of the verb in parentheses.)*

l'altro	fa	ieri sera
scorsa	scorso	stamattina

1. Giovedì _____ ho _____ (perdere) l'autobus.

2. Tre giorni _____ ho _____ (telefonare) al signor Rossi.

3. _____ ho _____ (finire) il progetto a mezzanotte.

4. La settimana _____ ho _____ (lavorare) sessanta ore!

5. _____ ieri ho _____ (mandare) il pacco.

6. _____ ho _____ (trovare) un nuovo lavoro!

Passato prossimo (II): irregular participles

Here is a list of common verbs that have an irregular participle form; read them aloud three times and notice how the participle relates to the infinitive:

INFINITIVE	PAST PARTICIPLE	
aprire	aperto	*to open*
bere	bevuto	*to drink*
chiedere	chiesto	*to ask*
chiudere	chiuso	*to close*
decidere	deciso	*to decide*
difendere	difeso	*to defend*
dire	detto	*to say*
essere	stato	*to be*
fare	fatto	*to do, make*
leggere	letto	*to read*
mettere	messo	*to put*
morire	morto	*to die*
nascere	nato	*to be born*
perdere	perduto/perso	*to lose*
prendere	preso	*to take*
rimanere	rimasto	*to remain*
rispondere	risposto	*to respond*
scegliere	scelto	*to choose*
scrivere	scritto	*to write*
spendere	speso	*to spend*
vedere	veduto/visto	*to see*
venire	venuto	*to come*

NOTA BENE: Used without an auxiliary, a participle becomes an adjective and agrees with the noun it modifies. Not all verbs take **avere** as their auxiliary. (See Chapter 24.)

Angolo culturale (*Culture corner*)

Dante Alighieri e la lingua italiana (*Dante Alighieri and the Italian language*)

ESERCIZIO 21·3

Leggere il brano e completare le frasi con i participi irregolari. (*Read the passage and fill in the blanks with the correct form of the participle of the irregular verb in parentheses.*)

Dante Alighieri (1265–1321) è _____ (nascere) a Firenze dove ha contribuito alla vita

politica e culturale come filosofo, letterato e cittadino. In questo periodo esistevano due grandi

fazioni a Firenze. Il partito di Dante, i guelfi bianchi, erano contrari all'autorità papale. Nel 1301 i

guelfi neri hanno _____ (prendere) il potere e Dante è stato condannato all'esilio.

Nel 1307, dopo avere _____ (scrivere) molte opere in latino, Dante ha iniziato a scrivere *La Divina Commedia*, usando il fiorentino come lingua letteraria. In quest'opera Dante descrive il suo viaggio nell'inferno, il purgatorio e il paradiso. Accompagnato prima da Virgilio e poi dall'amata Beatrice, il poeta descrive personaggi storici, politici e letterari che spiegano cosa hanno _____ (fare) in vita e le conseguenze delle loro azioni.

Ho bisogno di molti soldi! Molto o poco

VOCABOLARIO

La banca (*The bank*)

assegno	check (*noun*)
il bancomat	ATM
cambio	exchange rate
contanti (*pl.*)	cash
denaro, soldi (*pl.*)	money
guadagnare	to earn
modulo di prelevamento	withdrawal slip
modulo di versamento	deposit slip
pagare	to pay
prelevare	to withdraw
riscuotere un assegno	to cash a check
versare	to deposit
vincere	to win

ESERCIZIO
22·1

Abbinare le parole alle definizioni. *(Match the words on with their definitions.)*

_____ 1. banca   a. togliere il denaro dal conto

_____ 2. pagare   b. la banca li dà in cambio di un assegno

_____ 3. versare   c. il denaro

_____ 4. prelevare   d. mettere il denaro nel conto bancario

_____ 5. i soldi   e. un'istituzione finanziaria

_____ 6. contanti   f. dare soldi a qualcuno per un prodotto o un servizio

Molto o poco

The words **molto** (*much*) and **poco** (*a little*) in Italian can be used as adjectives or as adverbs. When used as four-form adjectives, they change gender and number (**-o, -a, -i,** or **-e**) to agree with the noun:

Gianni ha **molti** amici.   *Gianni has **many** friends.*
Marisa ha **poca** pazienza.   *Marisa has **little** patience.*

Una domanda: What letter must be added to **poco** in the plural forms? The letter _____.

Usare l'aggettivo *molto* o *poco*, facendo i cambiamenti necessari. (*Write the adjective **molto** or **poco** as indicated in parentheses making the necessary changes.*)

1. Ieri ho versato _____ soldi in banca. (molto)

2. Stamattina non ho mangiato, e ora ho _____ fame (*f.*)! (molto)

3. Non posso venire al cinema, ho _____ soldi. (poco)

4. Fra _____ minuti comincia il film. (poco)

5. L'anno scorso ho visitato _____ città medievali. (molto)

6. Sono venute _____ persone al concerto. (poco)

7. Quella villa al mare vale _____ milioni. (molto)

8. Abbiamo _____ tempo per mangiare. (poco)

NOTA BENE: Did you remember to add **-h-** to **pochi** and **poche**?

When used as adverbs, **molto** and **poco** never change their ending. How can you tell an adjective from an adverb? Adverbs describe or intensify a verb, another adverb, or an adjective:

✓ Modifies the verb

Maria ha <u>studiato</u> **poco**.   *Maria has studied **little**.*
Francesca ha <u>guadagnato</u> **molto**   *Francesca has earned **a lot** this year.*
quest'anno.

✓ Modifies the adjective

La banca è **molto** <u>affollata</u>.   *The bank is **very** crowded.*

Completare le frasi con *molto* o *poco* facendo l'accordo quando necessario, e sottolineare the parola descritta. *(Complete the sentences with **molto** or **poco** and underline the word that is being modified.)*

1. Ho *molte* cose da fare.

2. Ho _____ pazienza. (molto)

3. Per comprare la bicicletta ho bisogno di _____ soldi. (molto)

4. Il cambio dell'euro è _____ favorevole. (molto)

5. _____ italiani usano le carte di credito. (poco)

6. In Svizzera ci sono _____ banche. (molto)

7. Quella signora vince sempre _____ premi (*prizes*)! (molto)

8. In quel quartiere (*neighborhood*) ci sono _____ bancomat. (poco)

9. Mia nonna è _____ generosa! (molto)

Va tutto bene?
Adverbs

VOCABOLARIO	

Avverbi (*Adverbs*)

bene	well
frequentemente	frequently
gentilmente	kindly
male	badly
molto	very
non… mai	never
poco	very little
realmente	really
sempre	always
spesso	often
trenta e lode	A+, cum laude
velocemente	quickly

In spoken English adverbs are often replaced by adjectives. The question "How are you?" can be answered with the adjective "Good!" In Italian this is not possible. Adverbs modify verbs, adjectives, or other adverbs but never nouns. They have only one form and are invariable.

In English, some adverbs are formed by adding **-ly** to adjectives: nice → nice**ly**, probable → probab**ly**. In Italian, adverbs are similarly derived from adjectives in one of four ways:

ADJECTIVE	ADVERB
sincero (*sincere*)	**sinceramente** (*sincerely*)
frequente (*frequent*)	**frequentemente** (*frequently*)
probabile (*probable*)	**probabilmente** (*probably*)
regolare (*regular*)	**regolarmente** (*regularly*)

ESERCIZIO

23·1

Guardare gli aggettivi qui sopra e descrivere come gli avverbi sono formati secondo i quattro esempi. *(Look at the adjectives above and describe how the adverbs are formed in the four examples.)*

1. If the adjective ends with **-o** (four-form), the adverb is formed

    by _____.

2. If the adjective ends in **-e** (two-form), the adverb is formed

    by _____.

3. and 4. If the adjective ends in **-le** or **-re**, the adverb is formed

    by _____.

ESERCIZIO

23·2

Formare degli avverbi dai seguenti aggettivi. *(Change the following adjectives to adverbs.)*

1. reale _____

2. allegro _____

3. costante _____

4. possibile _____

5. veloce _____

6. lento _____

7. gentile _____

8. onesto _____

There are many adverbs that do not end in **-mente**, such as **molto**, **poco**, **ieri** (*yesterday*), **oggi** (*today*), etc. To these we will add the adverbs of frequency: **spesso** (*often*), **sempre** (*always*), and **mai** (*never*). These adverbs generally follow the verb, and **mai** is always used in a negative sentence:

> Vado **spesso** al cinema, ma **non** vado **mai** al teatro, perché lavoro **sempre** fino a tardi.
>
> *I go the cinema **often**, but I **never** go to the theater because I **always** work late.*

Abbinare le frasi con significati simili e sottolineare gli avverbi. *(Combine the sentences with similar meanings and underline the adverbs.)*

_____ 1. Roberto studiava poco.   a. Mi sento poco bene.

_____ 2. Oggi Anna ha visto tre film.   b. Prendevano sempre 30 e lode.

_____ 3. Lavorano a casa.   c. Non ha imparato molto.

_____ 4. Andavano bene all'università. d. Non vanno mai in ufficio.

_____ 5. Oggi sto male.   e. Non spendo molto.

_____ 6. Non compro mai niente.   f. Va sempre al cinema.

Essere o avere?
Passato prossimo of intransitive verbs

We saw in Chapter 21 that most verbs use the auxiliary **avere** to form the passato prossimo, or present perfect. These verbs are called transitive and can take a direct object. The verbs that cannot take a direct object are intransitive and use **essere** as the auxiliary. These verbs are often followed by a preposition and may involve a state of being or the movement of the subject from one point to another such as **essere, stare, arrivare, tornare, andare, uscire, entrare,** and **nascere** (*to be born*). It is important to remember that the participle must agree in number and gender with the subject by changing the final **-o** to **-a, -i,** or **-e:**

✓ Verbs with **essere** (with participle agreement)

Maria è andat**a** al supermercato.	*Maria went to the supermarket.*
Le ragazze sono andat**e** al cinema.	*The girls went to the movies.*
Roberto e Paolo sono andat**i** via.	*Roberto and Paolo went away.*

✓ Verbs with **avere** (no participle agreement)

Maria ha comprat**o** il formaggio.	*Maria bought cheese.*
Le ragazze hanno studiat**o** i verbi.	*The girls studied verbs.*
I ragazzi hanno giocat**o** a calcio.	*The children played soccer.*

VOCABOLARIO

Intransitive verbs that take **essere**

andare	to go
arrivare	to arrive
diventare	to become
essere	to be
morire	to die
nascere	to be born
partire	to depart
tornare	to return
uscire	to go out

Completare le frasi aggiungendo l'ausiliare avere o essere. *(Fill in the sentences by adding the auxiliary **avere** or **essere**.)*

Ieri sera _____ andata a una bella festa. _____ arrivata un po'

tardi perché _____ dovuto lavorare. _____ parlato con delle

persone interessantissime. _____ conosciuto dei musicisti e tutti noi

_____ parlato dell'arrivo del nuovo direttore. Il direttore d'orchestra

_____ fatto il primo concerto e l'orchestra _____ suonato

divinamente.

Angolo culturale (*Culture corner*)

Galileo Galilei

Circle the verbs in this biography of Galileo. Rewrite them in the passato prossimo below. Two of them are **essere** verbs and must agree with the subject.

accusare	to accuse
condannare	to condemn
insegnare	to teach
negare	to deny
perdonare	to pardon
osservare	to observe
perfezionare	to perfect
sviluppare	to develop

Galileo Galilei, un fisico, filosofo, astronomo e matematico italiano, nasce a Pisa il 15 febbraio 1564. Perfeziona il telescopio, osserva le stelle e i pianeti, e sviluppa il metodo scientifico. Per diciotto anni insegna matematica all'università di Pisa. Nel 1642 l'inquisizione accusa Galileo di eresia e lo condanna a vivere in isolamento fino alla sua morte. Deve negare le proprie scoperte scientifiche e muore nel 1642. La chiesa cattolica perdona ufficialmente il grande scienziato solo nel 1992.

1. _____   6. _____

2. _____   7. _____

3. _____   8. _____

4. _____   9. _____

5. _____   10. _____

Che lavoro fai?
Professions (I)

ESERCIZIO
25·1

Scrivere le parole affini negli spazi. *(Fill in the cognates.)*

1. attrice	_____	fabbrica	*factory*
2. cantante lirico/a	*opera singer*	farmacia	_____
3. commesso/a	*salesperson*	negozio	*store*
4. farmacista	_____	officina*	*mechanic's shop*
5. impiegato	*employee*	ospedale	_____
6. infermiera	*nurse*	teatro	_____
7. insegnante	*teacher*	ufficio	_____
8. meccanico	_____	università	_____
9. operaio	*factory worker*	professoressa	_____

*Attenzione al falso amico! *(Watch out for "false friends"!)*

ESERCIZIO
25·2

Abbinare la professione al posto di lavoro più logico. *(Connect the professions with the most logical workplaces.)*

_____ 1. infermiera	a. teatro
_____ 2. operaio	b. negozio
_____ 3. farmacista	c. officina
_____ 4. insegnante	d. fabbrica
_____ 5. commessa	e. scuola
_____ 6. cantante lirica	f. farmacia

_____	7. professoressa	g. università
_____	8. attrice	h. ospedale
_____	9. impiegato	i. teatro dell'opera
_____	10. meccanico	j. ufficio

Two verbs can be used to express one's profession:

✓ Either **essere** without a definite article

Sono medico.	I am a doctor.
È studente.	He is a student.

✓ Or **avere** with the definite article

Faccio il medico.	I am a doctor.
Fa lo studente.	He is a student.

ESERCIZIO

25·3

Che lavoro fa? Scrivi il lavoro delle seguenti persone scrivendo la forma maschile o femminile della professione e usando *essere* o *fare*. (*Write what the following people do using* **essere** *or* **fare**.)

1. Mi chiamo Angelina Jolie. _Sono attrice. Faccio l'attrice._

2. Sono italiana e insegno filosofia. _____

3. Sono brasiliana e studio italiano a Urbino. _____

4. Canto la parte di Don Giovanni. _____

5. Scrivo libri e sono una mamma. _____

6. Mi chiamo Maria e insegno la matematica ai bambini. _____

7. Mi chiamo Giuseppe e traduco dall'inglese all'italiano. _____

8. Lavoro in ospedale ma non sono infermiera. _____

Angolo culturale (*Culture corner*)

Il cinema italiano del dopoguerra (*Italian postwar cinema*)

VOCABOLARIO	
affrontare	to address, to deal with
anziano	elderly
il cinema	cinema
disoccupato	unemployed
il dopoguerra	post–World War II
la gente (*always sing.*)	people
ingiustizia	injustice
neorealista (*m., f.*)	neorealist
il periodo d'oro	the golden age
povero	poor
regista (*m., f.*)	director
lo schermo	screen
la seconda guerra mondiale	World War II
semplice	simple
sperimentalista	experimental
il tema (*pl.* **i temi**)	theme

L'Italia ha contribuito molto alla storia del cinema, particolarmente durante il periodo del dopoguerra. Negli anni quaranta, non appena finita la seconda guerra mondiale, registi come Roberto Rossellini (*Roma Città Aperta*), Vittorio De Sica (*Ladri di Biciclette, Umberto D.*) e Luchino Visconti (*La Terra Trema, Ossessione*) hanno trattato la sofferenza della gente semplice, dei poveri, dei disoccupati e degli anziani in uno stile chiamato neorealista. Pier Paolo Pasolini si è occupato della povertà e l'ingiustizia sociale (*Accattone, Mamma Roma*). Federico Fellini (*La Dolce Vita*) e Michelangelo Antonioni (*L'Avventura, L'Eclisse*) hanno esplorato il tema della crisi esistenziale nella società moderna. Marco Bellocchio e Lina Wertmüller hanno contribuito film che affrontano i problemi della classe operaia, dei poveri e degli emarginati.

I grandi attori comici Totò, Vittorio Gassman, Nino Manfredi e Alberto Sordi ci hanno fatto sorridere nelle commedie all'italiana. La figura mitica del *latin lover* invece è stata immortalizzata da Marcello Mastroianni, mentre le grandi attrici Anna Magnani, Sophia Loren e Claudia Cardinale sono ricordate per la loro bellezza mediterranea e per le loro appassionate interpretazioni.

Negli anni novanta Nanni Moretti, Gianni Amelio e Silvio Soldini hanno avuto un successo di pubblico e di critica, vincendo premi prestigiosi. Roberto Benigni, attore e regista, ha vinto l'Oscar nel 1999 con il suo film *La Vita è Bella*.

Capitoli 21–25

ESERCIZIO

R5·1

Cambiare il paragrafo dal presente al passato prossimo. *(Change the paragraph from the present to the passato prossimo.)*

Caro diario,
Stamattina sto a casa. Devo pulire i piatti, fare la biancheria (*do the laundry*) e scrivere a tre amici. Poi all'ora di pranzo invito Carla a colazione. Preparo una bella insalatona, con tonno, bocconcini e pomodori. Mangiamo in terrazza, e dopo studiamo. Prepariamo l'esame di letteratura angloamericana, e Carla mi aiuta con l'inglese. Dopo tre o quattro ore di studio, facciamo un giro in bicicletta e poi scriviamo una composizione sulla *Lettera Scarlatta* di Hawthorne.

ESERCIZIO

R5·2

Riscrivere le domande al passato prossimo come nell'esempio.
(Rewrite the questions in the passato prossimo as in the example.)

1. Apri la bottiglia di vino rosso? *Hai aperto la bottiglia di vino rosso?*

2. Maria fa molte domande? _____

3. Decidono dove andare stasera? _____

4. Chiudete la porta? _____

5. Dici la verità? _____

6. Fanno colazione al bar? _____

7. Leggi la *Divina Commedia*? _____

8. Dove metto le chiavi? _____

9. Dante nasce a Firenze? _____

10. Quale film scegli? _____

11. Spendono molto in quel negozio? _____

12. Vede quell'attore famoso? _____

13. Cosa prendete da bere? _____

14. Perdi il portafoglio (*wallet*)? _____

Riscrivere la biografia di Elsa Morante al passato prossimo. Attenzione: *avere* o *essere* come ausiliare? (*Rewrite the biography of Elsa Morante in the passato prossimo, using avere or essere as the auxiliary.*)

Una scrittrice italiana

Elsa Morante **nasce** a Roma nel 1912. **Inizia** a scrivere racconti per bambini da giovanissima, e **inizia** la sua carriera professionale a 23 anni, scrivendo cronache di costume (*historical stories*) per riviste (*magazines*) culturali. Nel 1936 **conosce** lo scrittore Alberto Moravia e lo sposa nel 1941. Verso la fine della seconda guerra mondiale Moravia e Morante **lasciano** Roma per sfuggire alle persecuzioni politiche. Nel 1948 **esce** il primo romanzo della Morante, *Menzogna e Sortilegio*. Nello stesso anno **vince** il prestigioso premio Viareggio. Il successivo romanzo, *L'isola di Arturo*, **ha** un grande successo di pubblico e di critica. Nel 1974 **esce** *La Storia*, ambientato a Roma durante la seconda guerra mondiale. **È** un successo internazionale ma **riceve** anche dure critiche. Nell'ultimo suo libro, *Aracoeli*, del 1982, la Morante affronta ancora il tema del rapporto tra madre e figlio. Elsa Morante **muore** a Roma nel 1985.

Abbinare il lavoro con la frase più logica. (*Connect the profession with the relative sentence.*)

_____ 1. Sono avvocato.	a. Quest'anno ho fatto molti film.
_____ 2. Sono medico.	b. Ho servito molte persone al ristorante.
_____ 3. Sono architetto.	c. Sono stato in tribunale (*courtroom*).
_____ 4. Sono attore.	d. Oggi ho lavorato in ospedale.
_____ 5. Sono cameriere.	e. Ho disegnato un grattacielo a Chicago.
_____ 6. Sono cantante.	f. Ho scritto tre romanzi.
_____ 7. Sono scrittrice.	g. Lavoro al teatro dell'opera.

·VI·

Grammar

Vocabulary

Culture corner

A che ora?
Telling time
Comparisons

Il tempo (*Time*)

a dopo, a più tardi	see you later
essere in anticipo	to be early
essere in orario	to be on time
essere in ritardo	to be late
in punto	sharp
mattina	morning
mezzanotte	midnight
mezzo	half
mezzogiorno	noon
mezzora	half an hour
la notte	night
pomeriggio	afternoon
ora di cena	dinnertime
ora di pranzo	lunchtime
orario continuato	9–5 shift
pranzare	to have lunch
presto	soon
prima	first
sera	evening
spesso	often
tardi	late
un'oretta	about an hour
verso	about, around

Telling time

Che ora é? Che ore sono?	*What time is it?*
Sono le sei.	*It's six o'clock.*
Sono le tre e quindici / e un quarto.	*It's three fifteen.*
È l'una.	*It's one o'clock.*
È l'una meno dieci.	*It's ten to one.*
Sono le dodici e cinquanta.	*It's 12:50.*
Sono le tre meno venti.	*It's twenty to three.*

NOTA BENE: The singular verb article **l'** is used with one o'clock because the hour is singular. The plural article **le** is used with all other times except **mezzanotte** and **mezzogiorno** (singular nouns), where no article is used.

If it is one o'clock, the third person singular **è** is used. With any other time, the third person plural **sono** is used.

È mezzanotte.	*It's midnight.*
È mezzogiorno.	*It's noon.*
Sono le undici e mezzo.	*It's half-past eleven.*

ESERCIZIO
26·1

Chi lo dice? **Abbinare le frasi in modo logico.** *(Who says what? Match the sentences in a logical way.)*

_____ 1 Sono arrivata mezzora prima dell'appuntamento.

_____ 2. La commessa fa l'orario continuato.

_____ 3. Fa sempre tardi.

_____ 4. Marcello arriva al lavoro alle nove meno dieci.

_____ 5. Sono le cinque e ci vediamo alle sei e dieci.

_____ 6. Vanno al concerto stasera.

a. «Ci vediamo tra un'oretta».

b. «Ho perso l'autobus»!

c. «Sono molto in anticipo».

d. «A più tardi»!

e. «Lavoro dalle 9 alle 5».

f. «Sono puntualissimo».

At train stations, airports, and in other public buildings the 24-hour clock is used. 1:00 PM is expressed as 13:00, 2:00 P.M. as 14:00, and so on, until 24:00, which is midnight. Adding 12 to the P.M. hours will give you the time in the 24 hour system.

ESERCIZIO
26·2

Che ore sono? **Scrivi l'ora in tutti i modi possibili come indicato tra parentesi.** *(Write out the time in all ways possible as indicated in the parentheses.)*

1. 8 P.M. _____

2. 9:30 A.M. _____

3. 2:50 A.M. (2) _____

4. 1:45 A.M. (3) _____

5. noon (2) _____

6. midnight (2) _____

Angolo culturale (*Culture corner*)

L'orario dei negozi in Italia (*Store hours in Italy*)

L'orario dei negozi in Italia dipende dalla città e dal genere di negozio. Nelle grandi città i centri commerciali, i grandi magazzini e i supermercati fanno l'orario continuato e sono aperti anche la domenica. Nei piccoli paesi e nelle città del centro e sud Italia molti negozi sono aperti dalle 9:00 alle 13:00, rimangono chiusi fino alle 16:00 per il riposo (*rest*) pomeridiano durante le ore più calde, e riaprono dalle 16:30 alle 19:30. Chi lavora in questi negozi generalmente pranza verso le 14:00, e si riposa per un'oretta prima di tornare al lavoro nel pomeriggio. Generalmente la cena dura dalle 19:30 alle 21 o le 21:30.

ESERCIZIO
26·3

Leggere l'Angolo culturale e rispondere alle domande. (*Read about the Italian workday above and answer the questions.*)

1. Quando aprono gli alimentari? _____

2. Sono aperti tutto il giorno? _____

3. A che ora pranzano generalmente gli italiani? _____

4. Quando vanno a dormire? _____

Comparisons of equality, superiority, and inferiority

For comparisons of equality, *use* **come** or **quanto** generally follow the adjective. The words in parentheses, *così* and *tanto*, are unnecessary and may be omitted.

L'Italia è (così) grande **come** la California.	*Italy is **as** large **as** California.*
Stefano è (tanto) simpatico **quanto** suo fratello.	*Stefano is **as** pleasant **as** his brother.*

With verbs, **quanto** (*as much as*) is used and generally follows the verb.

Viaggio **quanto** mia sorella.	*I travel **as much as** my sister.*
Studia **quanto** suo fratello.	*She studies **as much as** her brother.*

For comparisions of inequality, place **più** (*more*) or **meno** (*less*) before the adjective or noun followed by **di** + article if needed:

George è **più** forte **di** Brad.	*George is **stronger than** Brad.*
Angelina è **meno** puntuale **della** sua amica.	*Angelina is **less punctual than** her friend.*

Più di or **meno di** with or without the article as the case may be follow the verb:

Luciano lavora **più di** Roberto.	*Luciano works **more than** Roberto.*
Studio **più degli** altri studenti.	*I study **more than** the other students.*

ESERCIZIO

26·4

Completare le frasi con *come*, *quanto*, *più* o *meno di* + l'articolo quando serve.
*(Complete with **come**, **quanto**, **più** or **meno di** + article when necessary.)*

1. Il treno è _____ veloce _____ aereo.

2. Il biglietto in seconda classe costa _____ biglietto in prima.

3. Il caffè è _____ dolce _____ cioccolata calda.

4. Bill Gates è _____ ricco di Michael Moore.

5. La Sicilia è _____ grande _____ Sardegna.

6. New York è _____ antica di Roma.

Quale vestito preferisci?
Colors
Clothing

·27·

VOCABOLARIO

I colori (*Colors*)

arancione	orange
bianco	white
blu	blue
celeste	light blue
giallo	yellow
nero	black
rosa	pink
rosso	red
verde	green
viola	purple

VOCABOLARIO

I vestiti (*Clothing*)

camicetta	shirt
camicia	button-down shirt
costume da bagno	swimsuit
cotone	cotton
il golf	sweater
gonna	skirt
impermeabile (m)	raincoat
lana	wool
lino	linen
maglia	T-shirt, jersey
minigonna	miniskirt
moda	fashion
i sandali	sandals
le scarpe	shoes
sciarpa	scarf
seta	silk
gli stivali	boots
tuta da ginnastica	gym gear
un paio di jeans	a pair of jeans
vestito	dress, suit

Regular -are verbs

cambiare	to change
indossare	to wear
portare	to bring, to wear
provare	to try on
stare	to stay, to fit

As we saw in Chapter 3, most adjectives in Italian are either four-form or two-form. However, some colors that are either derived from foreign words or flowers are invariable, such as **blu**, **beige** (from French), **rosa**, and **viola**.

Here are some common phrases related to clothing:

La sua camicia è **di** cotone.   *Her shirt is made of cotton.*
Il golf è di lana.   *The sweater is woolen.*

ESERCIZIO
27·1

Clara è una ragazza italiana che si prepara per diverse occasioni. Cosa si mette? Scegli fra le parole elencate qui sotto. *(Clara is an Italian girl who is dressing for different occasions. What will she wear? Choose from the list below and answer with a complete sentence.)*

un paio di jeans e una maglietta un costume da bagno un vestito nero elegante

una tuta da ginnastica   un impermeabile   un vestito giovanile

1. Va a mangiare una pizza. _____

2. Va a prendere un aperitivo con un ragazzo. _____

3. Va a un concerto di musica classica. _____

4. Va in palestra. _____

5. Esce di sera e piove. _____

6. Va al mare. _____

Bravissimo!
Superlatives

28

VOCABOLARIO

Common expressions

Mi dispiace.	I'm sorry.
Che folla!	What a crowd!

VOCABOLARIO

Contrari (*Opposites*)

caro / economico	expensive / cheap
energico / pigro	energetic / lazy
paziente / impaziente	patient / impatient
possibile / impossibile	possible / impossible
probabile / improbabile	probable / improbable
pulito / sporco	clean / dirty
ricco / povero	rich / poor
rilassato / nervoso	relaxed / nervous

The absolute superlative

Just as in English the adverb *very* is used to enhance an adjective, in Italian the following adverbs can be used:

1. With the adverb **molto, tanto, veramente,** or other adverbs that do not change their endings + adjective:

   molto bella   veramente simpatico   tanto gentili

2. By dropping the final vowel of the adjective and adding **-issimo**:

   bellissima   simpatcissimo   gentilissimi

Nota bene: Remember, **-h-** must be added to adjectives that have a hard **c** or **g** sound before the **-issimo** ending. Adjectives ending in **-e** (two-form adjectives) become four-form adjectives when **-issimo** is added.

Abbinare le frasi simili. *(Match the sentences with similar meanings.)*

_____ 1. Il presidente della FIAT ha molti soldi.

_____ 2. La professoressa non ha molta pazienza.

_____ 3. Ho dormito durante il film.

_____ 4. Il vestito di Chanel l'ho pagato 300 euro.

_____ 5. Valentino è stato il più grande stilista italiano.

_____ 6. Le minigonne della cantante sono scandalose.

_____ 7. L'acqua è trasparente.

a. È pulitissima.

b. È famosissimo.

c. Sono stata fortunatissima.

d. È stato noiosissimo.

e. È molto impaziente.

f. Sono cortissime.

g. È ricchissimo.

Angolo culturale (*Culture corner*)

Il turismo, la moda e il buon mangiare (*Tourism, fashion, and gourmet specialties*)

Tra le industrie italiane più importanti ci sono il turismo, la moda e la gastronomia. La storia, l'architettura, l'arte e le bellezze naturali attraggono più di cento milioni di visitatori ogni anno. Il settore moda crea abbigliamento, accessori e calzature firmati Valentino, Gucci, Prada, Ferragamo e Armani, noti per la qualità e l'eleganza. Nel campo gastronomico l'Italia produce prodotti deliziosi che sono esportati in tutto il mondo, come il parmigiano Reggiano, il prosciutto di Parma e la mozzarella di bufala campana.

A che ora ti alzi?
Reflexive pronouns and verbs (I)

29

Reflexive pronouns

	SINGULAR		PLURAL	
1ST PERSON	**mi**	*myself*	**ci**	*ourselves*
2ND PERSON	**ti**	*yourself*	**vi**	*yourselves*
3RD PERSON	**si**	*him/herself*	**si**	*themselves*

Conjugation of reflexive verbs

VESTIRSI *(TO DRESS ONESELF, TO GET DRESSED)*

(io) **mi** vesto	(noi) **ci** vestiamo
(tu) **ti** vesti	(voi) **vi** vestite
(lui, lei, Lei) **si** veste	(loro) **si** vestono

Notice that the third person singular and plural pronoun is **si**. The conjugated verb indicates whether the subject is singular or plural.

Reflexive verbs in the infinitive end in **-si**, and the two letters before the **-si** tell you whether it is an **-are**, **-ere**, or **-ire** verb. Here is a list of the most frequent reflexive verbs:

VOCABOLARIO

Reflexive verbs

-are

addorment**arsi**	to fall asleep
alz**arsi**	to wake up
chiam**arsi**	to call oneself
preoccup**arsi**	to worry
prepar**arsi**	to get ready
ripos**arsi**	to rest
svegli**arsi**	to wake up

-ere	
mett**ersi**	to put on

-ire	
divert**irsi**	to have fun
sent**irsi**	to feel
vest**irsi**	to get dressed

ESERCIZIO
29·1

Abbinare le domande ale risposte più logiche. (Match the questions with the most logical answers.)

_____ 1. Gli italiani si riposano nel pomeriggio?

_____ 2. A che ora vi alzate la domenica?

_____ 3. Come ti chiami?

_____ 4. A che ora si addormenta?

_____ 5. Quale vestito mi metto stasera?

_____ 6. Il professore si arrabbia facilmente?

a. Perché non ti metti quello rosso?

b. Solo quando gli studenti non studiano.

c. Generalmente verso mezzanotte.

d. Alessandra, e tu?

e. Verso le 10.00 di mattina.

f. Dipende dall'orario di lavoro.

ESERCIZIO
29·2

Mettere in ordine le seguenti parole per formare delle frasi. (Rewrite the following words so that they make up a correct sentence. The capital letter and the punctuation will help you start and end the sentence.)

1. alzo/mi/presto./lunedì/Il

2. madre/preoccupa/si/Mia/sempre.

3. sera/sabato/Ogni/diverte/discoteca./in/si/Roberto

4. conosciamo/molti/da/Ci/anni.

5. vestirmi/di/Prima/colazione./faccio

6. incontriamo/centro/ in/io/Marisa/ed/ci

7. cane/Charlie Brown/di/Il/chiama/si/Snoopy.

8. quanto/Da/vi/tempo/conoscete?

La settimana tipica di Daniele. **Completare le frasi coniugando i verbi.**
(Conjugate the verbs to complete Daniele's description of his typical day.)

Ciao, _____ (chiamarsi) Daniele. Sono uno studente di economia. La mattina di

solito _____ (svegliarsi) alle 7:30. Prima _____ (fare) la doccia, poi

_____ (uscire) di casa per andare a _____ (fare) colazione al bar.

_____ (prendere) un cornetto e un caffè e _____ (andare)

all'università. Verso mezzogiorno _____ (tornare) a casa, _____

(pranzare) con mia madre e mia sorella e dopo _____ (riposarsi) un po' in

camera mia. Se ho i compiti _____ (studiare) per un'ora o due e poi

_____ (uscire) con gli amici. Il sabato sera _____ (andare) tutti a

mangiare la pizza da Baffetto. Verso mezzanotte _____ (tornare) a casa,

_____ (leggere) la posta elettronica e poi _____ (addormentarsi).

To form the infinitive of a reflexive verb, drop the final **-e** and attach the pronoun:

Quando lavoro, **mi** sveglio presto.	*When I work I have to wake up early.*
Per me è importante svegliar**mi** presto.	*For me it's important to wake up early.*
Si lavano le mani.	*They wash their hands.*
Vogliono lavar**si** le mani.	*They want to wash their hands.*

Reflexive verbs in the passato prossimo

The passato prossimo of reflexive verbs uses the auxiliary **essere**, which is preceded by the pronoun and followed by the participle. **Attenzione**: As with all **essere** verbs, the participle must agree with the subject:

PRESENTE INDICATIVO		PASSATO PROSSIMO	
Giovanna si sveglia.	*Giovanna wakes up.*	Giovanna si **è** svegliat**a**.	*Giovanna woke up.*
Paolo si diverte.	*Paolo is having fun.*	Paolo si **è** divertit**o**.	*Paolo had fun.*
Si mettono i jeans.	*They wear jeans.*	Si **sono** messi i jeans.	*They wore jeans.*

Cambiare le frasi dal presente indicativo al passato prossimo, facendo attenzione all'accordo. *(Change the sentences from the present to the past tense. Don't forget the agreement.)*

1. Giovanna si diverte al cinema. *Giovanna si è divertita al cinema.*

2. Paola si addormenta presto. _____

3. La nonna si riposa nel pomeriggio. _____

4. I miei genitori si preoccupano. _____

5. Gli italiani si vestono in modo elegante. _____

6. Mi sento male. _____

7. Vi preparate per la festa. _____

8. Gabriella si mette il costume veneziano. _____

9. Mi sveglio tardi. _____

Andiamo al cinema?
Prepositional contractions
The partitive
Irregular verbs
venire and **tenere**

30

VOCABOLARIO

Chapter vocabulary

il bar	bar
burro	butter
il cinema	cinema
lago	lake
il latte	milk
le noccioline	peanuts
parco	park
il ristorante	restaurant
stadio	stadium
strumento	instrument, tool
valle della Loira	Loire Valley

VOCABOLARIO

Common expressions

d'accordo	of course, agreed
Dai!	Come on!
d'avanti a	in front of
purtroppo	unfortunately
soprattutto	above all

The prepositions **a**, **di**, **in**, **su**, and **da** combine with the definite article, while others—**con** (*with*), **per** (*for*), **fra/tra** (*between*)—remain separate.

The prepositions **in** and **di** change to **ne** and **de** before they combine with the article that follows:

da, a, su + article

dal momento	**ai ristoranti**
alla festa	**alle** amiche
allo spettacolo	**agli** stadi
all'incontro	**agli** amici

in + article

nel libro	**nei** libri
nello zaino	**negli** zaini

di + article

dell'amica	**delle** amiche
dello studente	**degli** studenti

NOTA BENE: The combined preposition will have no *l* if the article does not contain an *l* (e.g., **nei libri**). If the article begins with an *l*, it will always be doubled (e.g., **dell'amica**).

For example:

Ci sono molti tifosi **nello** stadio.	*There are many fans **in the** stadium.*
Andiamo **al** museo di arte contemporanea.	*Let's go **to the** museum of contemporary art.*
La bici rossa è **dello** studente.	*The red bike is **the** student's.*

ESERCIZIO
30·1

Scrivere le preposizioni articulate che mancano. (Look at the following chart and fill in the missing prepositional contractions.)

	IL	LO	L'	LA	I	GLI	LE
a	al	allo	all'	_____	ai	_____	alle
da	dal	_____	dall'	dalla	dai	dagli	dalle
su	sul	sullo	sull'	sulla	_____	sugli	sulle
in	nel	nello	nell'	nella	nei	_____	nelle
di	_____	dello	_____	della	dei	degli	_____

The partitive

The **partitive** (partitivo) **di** + definite article is used to express an unspecified quantity and means *some*:

Ho comprato **del** vino rosso.	*I bought **some** red wine.*
Sono venuti **dei** tuoi amici a trovarti.	*Some of your friends came to visit you.*
Vorrei **della** birra fresca, per favore.	*I'd like **some** cold beer, please.*

Completare le frasi con la forma appropriata del partitivo. *(Complete the sentences with the partitive form.)*

1. Vorrei _____ vino bianco, per favore.

2. Ho preso _____ noccioline e _____ birra per la festa.

3. Per fare la pasta mi serve _____ parmigiano, _____ pomodori e _____ aglio.

4. Devo comprare _____ zucchero, _____ latte (m.), _____ burro e _____ panna.

Leggere il paragrafo e sottolineare le preposizioni articolate. *(Read the paragraph and underline the prepositional contractions.)*

Per i giovani italiani è importante uscire e divertirsi nel tempo libero. Alcuni si dedicano allo sport, altri alle lingue straniere e altri ancora studiano uno strumento musicale. Ma più di tutto i giovani amano uscire con gli amici, soprattutto la sera. C'è chi va al cinema, o chi preferisce andare al pub. E alla fine della serata? La maggior parte dei giovani torna a casa dei genitori. L'alto tasso di disoccupazione giovanile e di lavoro precario in Italia non permette ai giovani di vivere indipendentemente.

Adesso scrivere le preposizioni articolate seguite dalle preposizioni semplici con l'articolo. *(Now write out the prepositions in both the contracted and simple form.)*

1. _nel (in + il)_

2. _____

3. _____

4. _____

5. _____

6. _____

7. _____

8. _____

9. _____

10. _____

The irregular verbs **venire** and **tenere**

Although one is an **-ire** and one an **-ere** verb, these verbs are very similar in their irregularity:

	VENIRE (TO COME)	*TENERE* (TO KEEP)
(io)	vengo	tengo
(tu)	vieni	tieni
(lui, lei, Lei)	viene	tiene
(noi)	veniamo	teniamo
(voi)	venite	tenete
(loro)	vengono	tengono
Passato prossimo	sono venuto	ho tenuto

ESERCIZIO 30·4

Completare il dialogo con le preposizioni semplici o articolate. *(Complete the dialogue with simple or contracted prepositions.)*

—Giovanna: Ciao, Carlo, che fine hai fatto?

—Carlo: Ma, sono stato _____ Spagna _____ le vacanze, e poi sono

andato _____ Firenze _____ fare delle ricerche _____

biblioteca. E tu, cos'hai fatto quest'estate?

—Giovanna: Guarda, ho fatto un viaggio bellissimo _____ Francia, _____

valle _____ Loira. E sono tornata _____ Roma _____

pochi giorni. _____ una settimana ricomincio a insegnare.

—Carlo: Eh, anch'io, purtroppo. Senti, quando ci vediamo?

—Giovanna: Stasera penso di andare al cinema. Vengono Paolo, Rita e Daniela. Perché non

vieni _____ noi?

—Carlo: Che cosa andate _____ vedere?

—Giovanna: L'ultimo film _____ George Clooney, ma non mi ricordo il titolo. Dai,
vieni!

—Carlo: Vengo volentieri, ho bisogno di divertirmi un po' prima _____ fine
dell'estate.

—Giovanna: D'accordo. Allora ci vediamo davanti _____ cinema _____
9.30, va bene?

—Carlo: D'accordo. _____ dopo!

Capitoli 26–30

R6·1

Scrivere le ore seguenti in cifri. *(Write the following times using numbers.)*

1. Sono le tre e mezzo. _3.30_

2. È l'una e un quarto. _____

3. È mezzanotte. _____

4. Sono le diciotto. _____

5. Sono le ventitré. _____

6. È l'una meno venti. _____

R6·2

Creare delle frasi comparative usando *più di* o *meno di*, *quanto* o *come*. *(Make comparisons using the following words.)*

1. L'Italia/grande/gli Stati Uniti *L'Italia è più grande degli Stati Uniti.*

2. New York/antica/Roma _____

3. La tuta da ginnastica/sportiva/vestito _____

4. Gli americani/lavorano/gli italiani _____

5. Il fumo/dannoso/l'alcool _____

6. La cucina italiana/grassa/la cucina americana _____

7. La bicicletta/ecologica/l'automobile _____

8. L'aerobica/rilassante/lo yoga _____

9. la camicia/formale/camicetta _____

10. Valentino/classico/Versace _____

11. La Lombardia/industriale/la Calabria _____

12. La pasta/calorica/risotto _____

ESERCIZIO
R6·3

Cambiare le frasi dal presente al passato prossimo. *(Change the following sentences from the present to the passato prossimo.)*

1. Laura si alza alle 7.30. *Laura si è alzata alle 7.30.*

2. I ragazzi si fanno la doccia. _____

3. Marina si preoccupa del figlio adolescente. _____

4. Roberto e Maura si divertono all'opera. _____

5. Oggi mi metto i sandali. _____

6. Giovanna, ti riposi dopo pranzo? _____

7. Si addormenta facilmente, signora? _____

8. Ragazze, a che ora vi svegliate? _____

ESERCIZIO
R6·4

Scrivere cosa ha comprato Giovanni al mercato usando il partitivo (*di* + articolo definito). *(Add the partitive form [**di** + def. article] to the items Giovanni bought at the market.)*

Giovanni ha comprato…

1. _____ parmigiano

2. _____ sale

3. _____ pomodori

4. _____ banane

5. _____ zucchero

6. _____ birra

7. _____ spinaci

8. _____ mozzarella

9. _____ acqua minerale

10. _____ pesche

11. _____ mele

12. _____ pane

13. _____ fagioli

14. _____ prosciutto

15. _____ vino

16. _____ paste (*pastries*)

Grammar

Vocabulary

Culture corner

Andiamo al mercato
Shopping list

La lista della spesa (*Shopping list*)

un etto di prosciutto	100 grams of prosciutto
un pezzo di parmigiano	a piece of Parmesan
due etti e mezzo di salame	250 grams of salami
un chilo di pomodori	1000 grams (= 1 kilo) of tomatoes
un litro di latte	1 liter of milk
due bottiglie di vino	2 bottles of wine
tre pacchi di pasta	3 packages of pasta
una bottiglia di acqua minerale	a bottle of mineral water
il quartiere	neighborhood
il mercato rionale	local farmers' market

ESERCIZIO
31·1

Completare il dialogo con le quantità dei prodotti. *(Complete the dialogue with the appropriate quantities for each product.)*

una bottiglia	un chilo	cinque
due etti	un litro	un pezzo

—Buongiorno, signora.

—Buongiorno. Mi dà per favore del prosciutto San Daniele?

—Quanto ne vuole?

—Mmm, _____, per favore. Vorrei anche _____ di

pasta, _____ di latte e _____ di vino rosso. Senta,

mi dà anche _____ panini e _____ di pizza bianca?

—Bene, signora. Basta così?

—Sì, grazie.

Completare le frasi usando le parole elencate. *(Fill in the blanks with the words in the list.)*

economici	freschi	frutta	quartiere
pesce	sandali	tutto	seconda mano

Lettura: Il mercato rionale

A Roma ogni _____ ha il proprio mercato. Uno dei mercati più caratteristici si

trova a Testaccio, ed è un mercato coperto. Qui puoi trovare la _____, le

verdure, i salumi, il_____ fresco, la carne, il pane fresco, i vestiti (*clothes*) nuovi

e di _____, le scarpe, i _____ e le ciabatte (*slippers*). Insomma, c'è

proprio di _____. C'è chi compra sempre dalle stesse bancarelle da molti anni,

e fra i chi vende e chi compra _____ c'è un rapporto di fiducia e di lealtà.

I prezzi sono molto più _____ dei supermercati, e i prodotti alimentari

sono _____ e di altissima qualità.

Com'era?
L'imperfetto

Everyday words

Sostantivi

donna	woman
medico (*m., f.*)	doctor
pasticca	pill
premio	prize
uomo	man

Verbi

aiutare	to help
chiedere	to ask
diventare*	to become
festeggiare	to celebrate
incoraggiare	to encourage
nascere	to be born
vincere	to win

---

*essere verb

Avverbi

di solito	usually
generalmente	generally
mentre	while
normalmente	normally
prima	before
sempre	always
spesso	often

L'imperfetto

The **imperfetto** (imperfect or past descriptive) is used to describe continuous, repeated, or descriptive actions in the past, and physical or emotional states of being.

Adverbs such as **sempre, spesso, normalmente, di solito,** or **tutti i giorni** trigger the use of a verb in the imperfetto. This tense is used in the following contexts:

- ✓ Referring to age and weather

Avevo tredici anni.	*I **was** thirteen years old.*
Quel giorno **pioveva.**	*It **was raining** that day.*

- ✓ Physical or emotional description

La zia **era** molto triste.	*My aunt **was** very sad.*
La casa **era** vecchia e abbandonata.	*The house **was** old and abandoned.*

- ✓ Recurring events

Di solito **andavamo** a casa dei nonni per le feste.	*We usually **went** to my grandparents' house for the holidays.*

The passato prossimo and the imperfetto can alternate to describe completed and continuous events, or a completed event may occur during an ongoing background event. It is not a question of when the events occur, but whether they are being described as distinct, one-time events (passato prossimo) or ongoing, repeated, or descriptive events (imperfetto). For example:

Ho **salutato** la zia (*completed*) mentre **parlava** (*continuous*) al telefono.	*I **said good-bye** to my aunt **while she was speaking** on the phone.*
Mentre **salutavo** la zia **ha telefonato** mia cugina.	*As I **was saying good-bye** to my aunt my cousin **called**.*

To form the imperfetto, drop the **-re** of the infinitive and add the suffixes, which are identical for all regular verbs.

	STUDIARE	VIVERE	DORMIRE	ESSERE
(io)	studia**vo**	vive**vo**	dormi**vo**	**ero**
(tu)	studia**vi**	vive**vi**	dormi**vi**	**eri**
(lui, lei, Lei)	studia**va**	vive**va**	dormi**va**	**era**
(noi)	studia**vamo**	vive**vamo**	dormi**vamo**	**eravamo**
(voi)	studia**vate**	vive**vate**	dormi**vate**	**eravate**
(loro)	studia**vano**	vive**vano**	dormi**vano**	**erano**

As you can see, the verb **essere** is irregular and must be memorized.

ESERCIZIO
32·1

Completare le frasi con la forma appropriate dell'imperfetto. *(Complete the sentences with the imperfect form of the verb.)*

Da piccolo _____ (andare) spesso dal medico perché _____

(avere) molte allergie. Mia madre _____ (preoccuparsi) molto. Il dottore

_____ (pensare) che forse _____ (avere) l'asma. _____

(essere) allergico al polline (*pollen*), alla polvere (*dust*), e a tante altre cose ancora da

scoprire. Quando _____ (giocare) a casa degli amici che _____

(avere) gatti _____ (dovere) sempre prendere le pasticche per non avere

reazioni allergiche.

Scegliere il tempo corretto. *(Choose the correct tense of the verb in the following passage.)*

Quando **ho avuto/avevo** dieci anni **ero/sono stata** una bambina molto timida. A scuola non **ho parlato/parlavo** mai in classe, e **ho alzato/alzavo** la mano raramente. Un giorno la maestra mi **ha chiesto/chiedeva** di aiutare un altro bambino con i compiti. Lui ed io **siamo diventati/diventavamo** amici, e da quel giorno non **ho avuto/avevo** più paura di parlare in classe.

The verbs **dire** and **fare** form the imperfetto from their Latin roots **dic-** and **fac-**, but are otherwise regular:

	DIRE	FARE
(io)	dicevo	facevo
(tu)	dicevi	facevi
(lui, lei, Lei)	diceva	faceva
(noi)	dicevamo	facevamo
(voi)	dicevate	facevate
(loro)	dicevano	facevano

Angolo culturale (*Culture corner*)

Una scienziata italiana (*An Italian scientist*)

ESERCIZIO
32·3

Una biografia. Completare il paragrafo con i verbi dati, usando il passato prossimo o l'imperfetto. *(Fill in the verbs with either the imperfetto or the passato prossimo.)*

Rita Levi-Montalcini, premio Nobel in medicina, _____ (nascere*) a Torino nel 1909. I

suoi genitori _____ (amare) la cultura e lo studio. Suo padre non _____

(volere) mandare le figlie all'università perché _____ (dire) che le donne _____

(dovere) dedicarsi alla famiglia e alla vita domestica. Rita, invece, _____ (volere)

studiare medicina ed aiutare gli altri, e nel 1936 _____ (laurearsi*) in medicina e

chirurgia. A causa delle leggi razziali del 1938 che proibivano la partecipazione degli italiani di

origine ebraica alla ricerca presso le università di stato, Rita per alcuni anni _____

(continuare) a fare i suoi esperimenti nel laboratorio personale che si era costruita a casa.

　Durante la guerra _____ (lavorare) come medico volontario, e dopo l'arrivo degli

alleati _____ (andare*) a lavorare negli Stati Uniti a St. Louis. _____

(tornare*) in Italia nel 1977 e nel 1986 _____ (vincere) il premio Nobel. Nel 2009

_____ (festeggiare) i suoi 100 anni!

———
*essere verb

·33· Dove si sono conosciuti?
Reflexive verbs (II)

VOCABOLARIO

La costruzione reciproca (*Reciprocal reflexives*)

Verbi

abbracciarsi	to hug each other
aiutarsi	to help each other
baciarsi	to kiss each other
conoscersi	to meet each other for the first time
innamorarsi	to fall in love with each other
lasciarsi	to leave each other
salutarsi	to say hello or good-bye to each other
scriversi	to write to each other
sentirsi	to be in touch
vedersi	to see each other

Nomi

l'abbraccio	hug
bacio	kiss
busta	envelope
saluto	greeting

Aggettivi

caro	dear, expensive
distinto	distinguished
egregio	dear (*form.*)

Espressioni

arrivederci	until we see each other again
fatti vivo	Be in touch!

La costruzione reciproca

Verbs can be used reflexively to express reciprocal actions between subjects in the first, second, or third person plural. **Essere** is the auxiliary (see p. 119), and the participle agrees with the subject. For example:

Mario e John **si sono scritti** per molti *other* for many
mesi.

*Mario and John **wrote to each** months.*

Maria e Anna **si sono telefonate** ieri.
other yesterday.

*Maria and Anna **called each***

Cambiare la costruzione reciproca dal presente al passato prossimo facendo tutti i cambiamenti necessari. *(Change the verbs in the reciprocal construction from the present to the past, making all the necessary agreements.)*

1. Anna e John si salutano. *Anna e John si sono salutati.*

2. Le mie amiche si telefonano. _____

3. I miei fratelli si aiutano. _____

4. Vi sentite tutti i giorni? _____

5. Non ci conosciamo. _____

6. Voi vi riconoscete? _____

7. Violetta e Alfredo si lasciano. _____

8. Quando ci vediamo? _____

9. Vi mandate i regali? _____

Angolo culturale (*Culture corner*)

Come scrivere una lettera (*How to write a letter*)

Quando si scrive una lettera in italiano può essere formale o informale. Questa distinzione si deve mantenere in tutta la lettera, da come è indirizzata, al saluto iniziale e quello finale. In genere diamo del **tu** alle persone che conosciamo bene e del **Lei** alle persone con cui non siamo in confidenza.

Cosa scrivere sulla busta

> dott. (*form.*) Rossi
> dott.ssa (*form.*) Rossi
> Roberto Rossi

Come cominciare una lettera

> egregio signore (*form.*)
> gentile signora (*form.*)
> Cara Isabella
> Caro Paolo
> Carissima Elena
> Care amiche (*pl. f.*)

Come finire una lettera

Distinti saluti (*form.*)

Cari saluti (*form.*)

Un caro saluto

Un bacio (*inform.*)

Un abbraccio (*inform.*)

ESERCIZIO

33·2

Una lettera d'amore. Completare la lettera usando i verbi riflessivi e la costruzione reciproca. (*Complete the letter using the reciprocal or reflexive forms.*)

Carissimo Roberto,

Sono appena arrivata a casa dopo il mio viaggio in Italia. Ti penso sempre, e i giorni

passano lentamente da quando _____ (salutarsi) alla stazione. Il giorno che

_____ (conoscersi) a Roma non pensavo di _____ (io,

innamorarsi) così follemente di te. Devi lasciare tutto e venire a vivere con me. Dobbiamo

_____ (rivedere) il più presto possibile. Non posso vivere senza di te.

_____ (ti, abbracciarsi), amore mio.

Arianna

ESERCIZIO

33·3

Scrivete l'esordio e la chiusura per una lettera alle seguenti persone. (*Write the opening and closing greeting to the following people.*)

1. Professore _____, _____

2. Mamma _____, _____

3. Papà _____, _____

4. Dottoressa _____, _____

5. Amici _____, _____

Si parla italiano
Irregular nouns (II)
The impersonal **si**

Il si impersonale

The impersonal construction with **si** can be used with all verbs that are normally used with a subject. The impersonal form has a similar meaning to the personal form, but lacking a definite subject it stresses the verb rather than the subject. In English this can be expressed by one, *we*, or *they*. In Italian it is formed by the verb in the third person singular preceded by the impersonal pronoun **si**.

Here's an example of the impersonal construction:

Si parla italiano in classe.	*Italian (is) spoken in class.*

This is very close in meaning to

Parliamo italiano in classe.	*We speak Italian in class.*
Si studia l'inglese in Italia?	*Do they (you) study English in Italy?*
Si studia in un modo molto antiquato.	*It is studied in a very old-fashioned way.*

ESERCIZIO
34·1

Completare le frasi usando il *si* impersonale come nell'esempio.
(Complete the sentences using the impersonal as in the example.)

1. A Venezia *si mangia* il pesce fresco. (mangiare)

2. In estate _____ al mare. (andare)

3. Qual sport _____ in acqua? (fare)

4. In Italia _____ a football americano? (giocare)

5. Negli Stati Uniti _____ il cappuccino la sera? (bere)

6. Con il pesce _____ il vino bianco? (bere)

7. Dove _____ uno snowboard? (comprare)

We have seen that if the noun or object that follows the verb is singular, the third person singular is used. If it is plural, the third person plural is used:

Si fanno gli sport estremi in Italia?   *Do they (you) do extreme sports in Italy?*

If you use the **si** construction with an infinitive verb, the object of the verb determines whether the verb is singular or plural:

Si **deve** studiare **la grammatica**?   *Must one study grammar?*
Si **devono** studiare **i verbi irregolari**?   *Must one study irregular verbs?*

Reflexive verbs may also be used in the impersonal construction. In this case, the reflexive third person **si** pronoun is replaced by **ci** to avoid repetition.

In Italia **ci** si diverte tardi quando   *In Italy do you have a good time when you're at*
si sta al mare?   *the beach?*

ESERCIZIO
34·2

Riscrivere le frasi usando il *si* impersonale. *(Rewrite the following sentences using the impersonal construction.)*

1. Andiamo a Bologna. _____

2. Dove compri i libri usati? _____

3. Quando arrivi al Grand Canyon vedi un panorama bellissimo. _____

4. Studiamo molto all'università. _____

5. Ci vediamo domani. _____

6. In Italia telefoniamo spesso ai genitori. _____

7. Mangiamo sempre tardissimo. _____

8. Parlano con le mani. _____

9. Facciamo presto ad arrivare in centro a piedi. _____

10. Dicono che il primo ministro è disonesto. _____

Dove lavora?
Professions (II)
The verb **volerci**
The adverb **ci**

·35·

Le professioni (*Professions*)

avvocato	lawyer
cuoco	chef
idraulico	plumber
maestro	schoolteacher
medico	physician
operaio	factory worker
restauratore	restorer
stilista	designer

Cognates

architetto	architect
dentista	dentist
elettricista	electrician
informatico	IT specialist
ingegnere	engineer
musicista	musician
professore	professor

ESERCIZIO
35·1

Chi l'ha detto? **Abbinare le frasi in modo logico.** (*Connect the sentences in a logical way.*)

_____ 1. Sono avvocato.

_____ 2. Sono dentista.

_____ 3. Fa l'architetto.

_____ 4. Lavora come chef.

_____ 5. Fa l'ingegnere.

_____ 6. È informatico.

a. Ha preparato un risotto fantastico.

b. Curo il mal di denti.

c. Ha progettato un ponte.

d. Deve finire di scrivere il libro.

e. Ha creato un vestito da sera per Angelina Jolie.

f. Ha creato un programma software.

_____	7. Faccio il maestro.	g. Insegno inglese alla scuola media.
_____	8. È medico.	h. Ha lavorato in una chiese medioevale.
_____	9. Sono musicista.	i. Oggi devo studiare la sonata di Mozart.
_____	10. È professore.	j. Ho passato tutto il giorno in tribunale.
_____	11. Faccio il restauratore.	k. Ha lavorato in ospedale.
_____	12. Sono stilista.	l. Ha disegnato l'ala moderna del museo.

The verb **volerci**

The verb **volerci** is used to express how much time or which items are needed to do something. With expressions of time or quantity, **ci vuole** is used in the singular and **ci vogliono** in the plural. For example:

SINGULAR

Quanto **tempo ci vuole** per andare da Roma a Viterbo in macchina?	_How **long does it take** to go from Rome to Viterbo by car?_
Ci vuole un'ora.	_**It takes** an hour._
Ci vuole il mascarpone per fare il tiramisù.	_**You need mascarpone** to make tiramisù._

PLURAL

Quanti **giorni ci vogliono** per andare da Roma a Berlino in treno?	_How many **days does it take** to go from Rome to Berlin by train?_
Ci vogliono le uova per fare gli spaghetti alla carbonara.	_**You need eggs** to make spaghetti alla carbonara._

ESERCIZIO
35·2

Abbinare le domande alle risposte e scrivere la frase completa usando _volerci_.
(Connect the questions with the answers and write out the sentence using **volerci**.)

_____	1. Per fare il tiramisù	a. talento.
_____	2. Per andare da Roma a Firenze	b. almeno 20.000 euro.
_____	3. Per imparare l'italiano	c. un bravo stilista.
_____	4. Per suonare bene il violino	d. lo zucchero, il mascarpone e il caffè.
_____	5. Per disegnare un vestito	e. un anno.
_____	6. Per fare il giro del mondo	f. due ore.

The adverb ci

The adverb **ci** (*there*) is used to refer back to a place that has already been mentioned so as not to have to repeat it. This adverb is usually placed before the conjugated verb or at the end of the infinitive:

Sei stato **a Pisa**? —Sì, **ci sono stato** molte volte.

*Have you been **to Pisa**? —Yes, **I have been there** many times.*

Hai mai mangiato **in quel ristorante**? —No, non **ci ho mai mangiato**.

*Have you ever eaten **in that restaurant**? —No, **I have never eaten there.***

ESERCIZIO 35·3

Rispondi alle domande usando l'avverbio *ci*. *(Answer the question using the adverb **ci** as in the example.)*

1. Il cuoco lavora in fabbrica? No, *ci lavora l'operaio.*

2. La casalinga lavora in ospedale? No, _____.

3. Il medico lavora nello studio? No, _____.

4. L'ingegnere lavora all'università? No, _____.

5. Il dentista lavora alla scuola media? No, _____.

6. Il restauratore lavora al ristorante? No, _____.

Angolo culturale (*Culture corner*)

Evviva la torre di Pisa! (*Long live the Tower of Pisa!*)

«Evviva la torre di Pisa che pende, che pende e che mai cascherà»! Sarà vero quello che dice la vecchia filastrocca? Secondo gli esperti la torre, iniziata nel 1174 e terminata nel 1356, aveva già cominciato a pendere durante le prime fasi di costruzione a causa del terreno argilloso delle fondamenta. Nel 1990 la famosa torre pendente è stata chiusa per restauro per quasi vent'anni. Ora il restauro è finito e i turisti sono tornati a salire in cima alla torre per vedere di nuovo la magnifica piazza dei Miracoli, con la cattedrale e il battistero in marmo bianco.

Capitoli 31–35

Completare le frasi con verbi all'imperfetto o al passato prossimo. *(Complete the sentences with the passato prossimo or the imperfetto.)*

Ogni estate mia madre e le mie sorelle _____ (andare) al mare

vicino a Roma. Avevamo una casa ad Anzio che _____ (essere)

piccola ma accogliente. _____ (andare) sempre verso l'inizio

dell'estate, in giugno, e _____ (tornare) in settembre. Quando

_____ (avere) 13 anni _____ (invitare) Sara,

la mia migliore amica, a passare una settimana con noi. Un giorno io

e lei _____ (entrare) in acqua a fare il bagno anche se

_____ (esserci) molto vento. Ho _____ (vedere)

che le onde (*waves*) _____ grosse e che Sara _____

(avere) difficoltà a nuotare. La corrente _____ (continuare) a

separarci sempre di più e mentre Sara _____ (cercare) di

tornare a riva _____ (vedere) che _____ (fare)

fatica a stare a galla. All'improvviso (noi) _____ (vedere)

arrivare una piccola barca rossa con un ragazzo che _____

(tirare) un salvagente (*lifesaver*). Quando _____ (tornare) sane

e salve (*safe and sound*) in spiaggia io e Sara _____

(abbracciare) mia madre e le mie sorelle e _____ (ringraziare) il

bagnino (*lifeguard*) che ci _____ (salvare).

Riscrivere le frasi al passato prossimo. *(Rewrite the sentences in the passato prossimo.)*

1. Io e mia sorella ci scrivevamo.

   _____

2. Alfredo e Violetta si innamorano subito?

   _____

3. Le tue zie non si parlano?

   _____

4. Le amiche italiane si baciano quando si vedono.

   _____

5. Gli americani si salutano in modo più formale.

   _____

6. Quando si sposano?

   _____

Rispondere alle domande con il verbo *volerci* usando lo stesso tempo verbale.
*(Answer the questions using **volerci** in the same tense as the question.)*

1. Quanto tempo c'è voluto per andare da Roma a Palermo?

   _____ 12 ore.

2. Quante uova ci vogliono per fare quella ricetta?

   _____ 8 uova.

3. Quanto tempo ci vuole per prendere la laurea in medicina?

   _____ più di otto anni.

4. Cosa ci vuole per essere un bravo professore?

   _____ molta pazienza!

Lo vedi?
Il pronome complemento diretto
The pronoun ne

36

VOCABOLARIO

Tecnologia e communicazione (*Technology and communication*)

cliccare	to click
la mail	e-mail
inoltrare	to forward
mandare	to send
navigare	to surf the Net
il portatile	laptop
scannerizzare	to scan
scaricare	to download
il SMS	text message
la stampante	printer
taglia e incolla	to cut and paste

Il pronome complemento diretto

In the following sentence there is a subject, a transitive verb, and a direct object. A transitive verb is a verb that can take an object:

SUBJECT	VERB	DIRECT OBJECT	
Gli studenti	parlano	l'italiano.	*The students speak Italian.*

Notice that the word order is the same in English and Italian. When, however, the direct object is replaced by a pronoun, the word order changes:

SUBJECT	DIRECT OBJECT	VERB	
Gli studenti	**lo**	parlano.	*The students speak **it**.*

In Italian the direct object pronoun is placed before the conjugated verb.

I PRONOMI COMPLEMENTO DIRETTO:

1ST PERSON	**mi**	*me*	**ci**	*us*
2ND PERSON	**ti**	*you*	**vi**	*you*
3RD PERSON	**lo** (*m.*)	*it*	**li**	*them*
	la (*f.*)	*it*	**le**	*them*

If the pronoun is being used with an infinitive verb, the final **-e** of the verb is dropped and the pronoun attaches to the end of the verb:

Vogliono studiar**lo**.   *They want to study **it**.*
È importante invitar**la**.   *It is important to invite **her**.*

The singular pronouns generally elide with verbs that start with a vowel sound (including **ha**, **hai**, etc.), while the plural forms never elide:

Lo + amo → **L'amo.** (*elision*)   *I love him.*
Li + adoro. → **Li adoro.** (*no elision*)   *I adore them.*

ESERCIZIO
36·1

Sottolineare l'oggetto diretto in ogni frase, e riscrivi la frase sostituendo l'oggetto con un pronome complemento diretto come nel esempio. (*Underline the direct object in each sentence, and rewrite the sentence replacing the object with the appropriate pronoun as in the example.*)

1. Roberto prende la bici. *Roberto la prende.*

2. Marino ama la scuola. _____

3. Mariangela legge i libri gialli. _____

4. Antonello e Mario comprano il giornale. _____

5. Gli italiani amano la buona cucina. _____

6. La signora prende un caffè. _____

7. Vedo i miei amici. _____

8. Mangiamo sempre il pane con la Nutella. _____

9. Con chi fai i compiti? _____

10. A che ora guardi la tua posta elettronica? _____

The pronoun **ne**

The pronoun **ne** is very useful and used frequently in Italian. It replaces nouns that have been introduced with a number or an amount. It corresponds to *of it* or *of them* in English. In Italian the expression of quantity is replaced by **ne**, whereas in English it can be left out:

Hai amici italiani?	*Do you have Italian friends?*
Ne ho moltissimi.	*I have many (**of them**).*
Quanti studenti hai?	*How many students do you have?*
Ne ho due.	*I have two (**of them**).*

Ne is also used to replace nouns introduced by the preposition **di**:

Gli italiani parlano spesso **di politica**?	*Do Italians often talk about politics?*
Ne parlano spesso.	*They talk **about it** often.*

ESERCIZIO
36·2

Rispondere alle domande sottolineando il pronome appropriato.
(Answer the questions by underlining the correct pronoun.)

1. Quanti figli ha la signora Michelangeli? Li/Ne ha due.

2. Quante lingue parla Giuseppe? Ne/Le parla almeno quattro.

3. Barbara canta bene le arie di Verdi? Li/Le canta divinamente.

4. Quanti anni hai? Ne/Mi ho 25.

5. Hai mangiato una pizza? Avevo fame e la/ne ho mangiate due!

6. Prendi le vitamine? No, non ne/le prendo quasi mai.

Agreement of the past participle with pronouns **lo, la, li, le,** and **ne**

In the passato prossimo, the pronouns **lo, la, li, le,** and **ne** precede the auxiliary verb **avere**. The participle must agree in gender and number with these third person pronouns. Agreement with the other pronouns (**mi, ti, ci, vi**) is optional but occurs very infrequently:

Hai mandato <u>un SMS</u>?	Sì, l'ho mandat**o**.
Hai letto <u>la mail</u>?	Sì, l'ho lett**a**.
Hai ricevuto <u>gli indirizzi</u>?	Sì, li ho ricevut**i**.
Hai stampato <u>le foto</u>?	Sì, le ho stampat**e**.

Sottolineare il complemento oggetto diretto, e riscrivere le frasi usando un pronome complemento diretto facendo l'accordo quando è necessario. (Underline the direct object and rewrite the sentence using a direct object pronoun, making all necessary agreements.)

1. Hai comprato <u>una nuova televisione?</u> *L'hai comprata?*

2. Perché non hai scritto la lettera? _____

3. Quando hanno comprato il nuovo computer? _____

4. Mia sorella mi ha mandato un SMS. _____

5. Hai già inoltrato le foto? _____

6. Hanno comprato i libri? _____

7. Perché non abbiamo preso il portatile? _____

8. Ha spento la stampante? _____

Hai scritto a Roberto? Complemento oggetto indiretto
The verb **piacere** (I)

37

Complemento oggetto indiretto

An indirect object pronoun indicates the person to or for whom an action is directed. Some verbs can be followed by both a direct and an indirect object. For example:

Ho mandato una cartolina a mia nonna.   *I sent my Grandma a postcard.*

In this sentence, **cartolina** is the direct object (*I am sending it*) and **nonna** is the indirect object (*the card is being sent to her*).

In English the preposition *to* may be left out, whereas in Italian the preposition must precede the indirect object. The indirect object is generally a person or a living thing. Here is a list of verbs that are followed by the prepositions **a**, **con**, or **per** and therefore take indirect objects.

VOCABOLARIO

Everyday words

domandare a	to ask
mancare a	to be lacking, missing
parlare con	to speak with
piacere a	to be pleasing to
rispondere a	to reply to
sembrare a	to seem to
telefonare a	to telephone

Everyday words

chiedere	to ask
dare	to give
dire	to tell, to say to
fare una domanda a	to ask a question to
fare un favore a	to ask a favor of
leggere	to read
mandare	to send
portare	to carry
regalare	to give a gift to
scrivere	to write
spiegare	to explain
vendere	to sell

Some verbs take both direct and indirect objects, often in the same sentence:
In the following sentences, the indirect object is in bold:

Ho scritto **a mia sorella**.   *I wrote **to my sister**.*
Hanno comprato un bel regalo **per**   *They bought a nice gift for **Giovanni**.*
    Giovanni.
Il tennis piace molto **alla sua amica**.   ***His friend** likes tennis. (lit., Tennis is very*
     *pleasing **to his friend**.)*

What precedes the indirect object in all the Italian examples? A preposition.

ESERCIZIO
37·1

Sottolineare una volta il complemento oggetto diretto e due volte il complemento oggetto indiretto. *(Underline the direct object once and the indirect object twice in the sentences.)*

1. La scrittrice ha dato il manoscritto all'editore.

2. Gli studenti hanno fatto una domanda al professore.

3. Roberto ha chiesto un favore a sua cugina.

4. I genitori hanno scritto una lettera al presidente dell'università.

5. Roberto e Paolo hanno mandato il regalo alla zia.

6. Il commesso ha venduto le scarpe di Prada alla cliente.

7. Marco ha comprato l'anello per la sua ragazza.

8. Andrea Bocelli ha cantato l'aria per i suoi fan.

9. La professoressa ha dato buoni voti ai suoi studenti.

The indirect object, like the direct object, can be replaced by a pronoun. It precedes the conjugated verb and is attached to the end of the infinitive, which drops its final -e.

INDIRECT OBJECT PRONOUNS

1ST PERSON	mi	to me	ci	to us
2ND PERSON	ti	to you	vi	to you
3RD PERSON	gli	to him	gli (loro)	to them (m.)
	le	to her	gli (loro)	to them (f.)

As you can see, the indirect object pronouns are the same as the direct and reflexive pronouns *except* in the third person singular and plural. With the passato prossimo, there is no agreement of the participle with the indirect object pronouns. The third person plural form **loro** is rarely used in conversation.

ESERCIZIO 37·2

Riscrivere le frasi usando un pronome oggetto indiretto. *(Rewrite the sentences using an indirect object pronoun.)*

1. Ho telefonato a Paolo. *Gli ho telefonato.*

2. Mia cugina ha scritto una lettera al senatore. _____

3. Hai mandato un invito alla direttrice? _____

4. Hai scritto una lettera alla senatrice? _____

5. Fa sempre i regali ai nipoti. _____

6. Ha chiesto un consiglio alla sua collega. _____

7. Il film piace ai giovani. _____

8. Al cuoco mancano gli ingredienti. _____

ESERCIZIO 37·3

Rispondere alle domande usando un pronome oggetto indiretto. *(Answer the questions using the appropriate indirect object pronoun.)*

1. Ha scritto alla zia? *Sì, le ho scritto.*

2. Hai mandato la cartolina ai ragazzi? _____

3. Hai spiegato la lezione agli studenti? _____

4. Hai telefonato alla tua fidanzata? _____

5. Hai portato il libro alla professoressa? _____

6. Hai fatto un regalo di compleanno a tuo padre? _____

7. Hai comprato il biglietto per le tue colleghe? _____

8. Hai detto la verità a tuo marito? _____

The verb **piacere** (I)

The verb **piacere** is used primarily in the third person singular and plural. The literal translation of **piacere** is not *to like*, but *to be pleasing to*. As a result, what is liked becomes the subject and the one who likes becomes the indirect object.

A Marco and Maria **piace** la musica rock.	*Marco and Maria like rock music. (lit., Rock music is pleasing to Marco and Maria.)*
A tua sorella **piacciono** i Beatles?	*Does your sister like the Beatles? (lit., Are the Beatles pleasing to your sister?)*
Non gli **piacciono** i film violenti.	*He doesn't like violent films. (lit., Violent movies are not pleasing to him.)*

An activity in the form of an infinitive verb is considered singular, even when the infinitive is followed by a plural noun:

Le **piace** leggere i gialli e le biografie.	*She likes reading mysteries and biographies.*

ESERCIZIO 37·4

Completare la seconda frase con il pronome indiretto logico. *(Complete the second sentence with the logical indirect object pronoun.)*

1. In inverno andiamo in montagna. _____ piace sciare.

2. Maria mangia il gelato e la torta. _____ piacciono i dolci.

3. Anna studia la chimica e la biologia. _____ piacciono le materie scientifiche.

4. Preferiamo andare in treno. Non _____ piace viaggiare in macchina.

5. Studi il francese e l'arabo? _____ piacciono le lingue straniere?

6. Preparo un bella cena. _____ piace cucinare.

ESERCIZIO 37·5

Che cosa ti piace e non ti piace nella seguente lista? Rispondere con una frase completa. *(What do you like or not like in the following list? Answer using a complete sentence.)*

1. dormire a lungo _____

2. fare lo shopping _____

3. i cani _____

4. i film d'amore _____

5. i polipetti (*octopus*) _____

6. i gatti _____

7. i Rolling Stones _____

8. la cucina vietnamita _____

9. la pizza _____

10. la violenza _____

11. studiare _____

12. svegliarmi presto _____

13. viaggiare _____

Angolo culturale (*Culture corner*)

L'opera italiana (*Italian opera*)

L'opera lirica è una forma musicale nata in Italia che unisce il teatro alla musica. La prima opera è stata scritta a Firenze alla fine del XVI secolo da un gruppo di poeti, musicisti e studiosi che volevano ricreare la tragedia dell'antica Grecia.

Il primo grande compositore di opere è stato Claudio Monteverdi, che ha composto *Orfeo*, la legenda greca dell'amore di Orfeo e Euridice, e *L'Incoronazione di Poppea*, la prima opera basata su un evento storico romano.

Nell'800, il secolo d'oro dell'opera italiana, il grande Rossini ha composto opere buffe e drammatiche, e *Il barbiere di Siviglia*, con il furbissimo e simpatico Figaro, rimane fra le opere più amate. Vincenzo Bellini e Gaetano Donizetti hanno composto bellissime arie nello stile del belcanto, uno stile dove prevale la bellezza del canto e della melodia. Giuseppe Verdi ha portato l'opera lirica al suo apice sia musicale che drammatico. Nella *Traviata*, una giovane donna innamorata è destinata a morire di tubercolosi, la malattia del secolo. *Rigoletto* narra di un padre che per proteggere l'amata figlia causerà senza volere la sua morte. *Otello* racconta la triste storia dell'innocente Desdemona, uccisa da un marito avvelenato dalle falsità di Iago.

Queste opere sono presentate nei teatri storici come il Teatro dell'Opera di Roma, il San Carlo di Napoli, la Scala di Milano, la Fenice di Venezia, e il Teatro Massimo di Palermo. Negli ultimi anni i teatri hanno iniziato a trasmettere l'opera in diretta, e così il grande pubblico internazionale può assistere alle opere preferite comprando un biglietto al cinema.

 # ·38· Quando andremo in Italia? Il futuro

Leggere la mail e scrivere la forma infinita dei verbi evidenziati.

Cara Giovanna.

La settimana prossima **tornerò** a Roma per una breve visita. **Starò** a casa dei miei per tre giorni. Forse possiamo andare al mare insieme. Dopo il mio soggiorno a Roma io e Fabrizio **partiremo** per la campagna e poi il 21 settembre **ricomincerà** la prossima sessione autunnale all'università. **Insegnerò** due corsi sul cinema, e fra pochi giorni **comincerò** a organizzare il programma del corso.

E tu, come stai? Non vedo l'ora di vederti! Domani **sarò** a casa fino all'ora di pranzo. Chiamami sul cellulare se puoi.

Emanuela

1. _____ *tornare* _____

2. _____

3. _____

4. _____

5. _____

6. _____

7. _____

Il futuro

The future tense is used to express an action that will take place in the future. However, if the action is in the very near future or is sure to occur, the present tense may also be used.

Here are some common verbs with their irregular future stem. Take a moment to see how they relate to the infinitive. Notice that most of them eliminate the **-e** of the infinitive.

INFINITIVE	FUTURE STEM
andare	andr-
dovere	dovr-
potere	potr-
sapere	sapr-
vedere	vedr-
venire	verr-
volere	vorr-

ESERCIZIO 38·2

Cominciando con stasera, mettere queste espressioni comuni in ordine cronologico.
*(Starting with **stasera**, put these common expressions in chronological order.)*

_____ domani

_____ fra/tra dieci anni

_____ fra/tra pochi giorni

_____ fra/tra un mese

_____ l'anno prossimo

_____ la settimana prossima

___*1*__ stasera

_____ dopodomani

The stem of the future tense is made by dropping the final -e of the infinitive. You will notice in the next exercise that another change must be made to the stem of the -**are** verbs. The -**are** verbs change the -**a** to -**e** before adding the future suffix.

ESERCIZIO 38·3

Completare la coniugazione di questi verbi. *(Complete the chart with the future tense.)*

TORNARE	PRENDERE	PARTIRE	ESSERE	AVERE
torne-	_____	_____	sar-	_____
tornerò	_____	_____	_____	avrò
_____	prenderai	_____	sarai	_____
_____	_____	partirà	_____	_____
_____	prenderemo	_____	saremo	_____
tornerete	_____	_____	_____	avrete
_____	_____	partiranno	saranno	_____

Notice that the irregular verbs change their stem but form the future with the same endings as regular verbs, and the last syllable of the first and third person singular must be accented in writing and in speaking.

Il futuro di probabilità (*The future of probability*)

The future can be used to express speculation about a present action or a state that is highly probable but not known for sure. This is expressed in English by *probably, can, must*:

Dove **sarà** Francesco?	*Where can Francesco be?*
Ma, **sarà** a scuola.	*Oh, he must be at school. / Oh, he's probably at school.*
Dove **saranno** le mie chiavi?	*Where can my keys be?*
Saranno a casa.	*They must be at home. / They're probably at home.*

ESERCIZIO
38·4

Cambiare le frasi al futuro. *(Change the sentences to the future.)*

1. Vado in vacanza. _____

2. Hanno voluto mangiare. _____

3. Avevamo fame. _____

4. Arrivono presto domani mattina. _____

5. E' in ritardo, come sempre. _____

6. Vedo meglio con gli occhiali (*glasses*). _____

7. Dov'è il mio telefonino? _____

8. Ti ho telefonato. _____

Angolo culturale (*Culture corner*)

Il sistema politico italiano (*The Italian political system*)

L'Italia è una repubblica parlamentare. Secondo la costituzione, scritta nel 1948, il potere politico è diviso fra l'esecutivo (consiglio dei ministri) e il parlamento (camera dei deputati e senato). Il potere giudiziario della Corte Costituzionale è indipendente dal governo. La sede del governo è a Palazzo Chigi a Roma.

Il presidente della repubblica, il cui mandato dura sette anni, non ha potere esecutivo ma come capo dello stato rappresenta l'unità nazionale. Il ruolo più importante nella vita politica del paese è quello del Presidente del Consiglio dei Ministri, chiamato anche premier o primo ministro. Il premier nomina i ministri e gestisce la coalizione della maggioranza. Nel caso in cui la coalizione perde la maggioranza il presidente del consiglio si dimette e generalmente si fanno le nuove elezioni.

Cosa faresti?
Il condizionale

The conditional mood is used when making polite requests or when expressing what one would do should certain conditions make it possible:

Chiuderesti la finestra, per favore?	*Would you close the window, please?*
Sarebbe possibile avere una camera con bagno privato?	*Would it be possible to have a room with a private bath?*

It is not polite to use the verb **voglio** (*I want*) when making a request. The conditional **vorrei** (*I would like*) softens the request and is preferred.

Voglio una pizza.	*I want a pizza!*
Vorrei una pizza.	*I would like a pizza.*

The table in the following exercise illustrates the conditional tense, which is very similar to the future tense. The stem of the conditional is made by dropping the final **-e** of the infinitive. What is the added change that must be made to the stem of the -**are** verbs?

As with the future tense, the irregular stem of the verbs is conjugated with the same suffixes as regular verbs.

ESERCIZIO
39·1

Scrivere la radice del verbo e completare la coniugazione. (Write the stem of each verb under the infinitive and fill in the missing conjugations.)

TORNARE	PRENDERE	PARTIRE	ESSERE	AVERE
torne-	_____	_____	sar-	_____
tornerei	_____	_____	_____	avrei
_____	prenderesti	_____	_____	avresti
_____	_____	_____	sarebbe	_____
_____	prenderemmo	_____	saremmo	_____
_____	_____	partireste	_____	_____
tornerebbero	_____	_____	_____	avrebbero

Here are some common irregular verb stems in the conditional, which are identical to the irregular verbs in the future.

INFINITIVE	CONDITIONAL STEM
andare	andr-
dovere	dovr-
potere	potr-
rimanere	rimarr-
sapere	sapr-
vedere	vedr-
venire	verr-
volere	vorr-

ESERCIZIO
39·2

Completare le frasi con uno dei verbi dall'elenco. *(Complete the sentences with one of the verbs in the list.)*

essere   girare   mangiare   scrivere   rimanere   comprare

1. Con un milione di euro io _____ una casa in Italia.

2. Con un buon lavoro Sara _____ più felice.

3. Con un anno di tempo mio fratello _____ il mondo.

4. Con una villa in campagna noi _____ le verdure fresche.

5. Con un metro di neve voi non _____ a casa?

6. Con più tempo a disposizione il professore _____ di più.

ESERCIZIO
39·3

Scrivere il verbo al condizionale e abbinare alla frase più logica. *(Complete the sentence with the conditional form of the verb and match it with the phrase on the right.)*

1. I ragazzi _____ (andare) a vedere un film   a. _____ fino a domani?

2. (io) _____ (volere) un caffè   b. _____ o chiedere un aumento.

3. (noi) _____ (giocare) a tennis   c. _____ da quest'uomo?

4. Maria _____ (dovere) spendere di meno   d. _____ ma non hanno soldi.

5. (voi) _____ (comprare) una macchina usata   e. _____ ma siamo in tre!

6. (tu) Mi _____ (prestare) 100 euro   f. _____ ma non trovo un bar.

Ti è piaciuta la partita? The verb **piacere** (II) Irregular comparative adjectives and adverbs

·40·

Piacere, as we saw in Chapter 37, means *to be pleasing to*. Whatever is pleasing is the subject, and whoever is pleased is the indirect object, and is often expressed with a personal pronoun that precedes the verb as in the sentences below.

The auxiliary of **piacere** is **essere**, and therefore the participle of **piacere** must agree with whatever is pleasing.

Mi è piaciut**a la classe** di letteratura.	*I liked the literature class.*
Gli sono piaciut**i i film.**	*He liked the films.*

ESERCIZIO

40·1

Creare una domanda per ogni frase usando piacere al passato prossimo con un oggetto indiretto. Attenzione all'accordo! *(For each sentence create a follow-up question using piacere in the passato prossimo with an indirect object pronoun. Remember the agreement!)*

1. Anna ha comprato le scarpe. *Le sono piaciute?*

2. Avete ascoltato la musica classica. _____

3. Mario ha visto l'opera di Verdi. _____

4. Hanno visitato la Galleria Borghese. _____

5. Hai visto il programma in TV? _____

6. I bambini hanno mangiato gli spaghetti. _____

7. Anna Maria ha fatto un corso di linguistica. _____

8. Gli studenti hanno visitato la città di Firenze. _____

9. Anna ha visto il film. _____

10. I professori hanno visto la presentazione. _____

Irregular comparative adjectives

Although most adjectives can be used with **più** or **meno** to make comparisons, the adjectives **buono** (good) and **cattivo** (bad) are adjectives that have both an irregular and a regular form with similar meanings. In the irregular forms, **più** and **meno** are never used.

ADJECTIVE	COMPARATIVE	SUPERLATIVE
buono	migliore	il migliore
good	*better*	*the best*
cattivo	peggiore	il peggiore
bad	*worse*	*the worst*

As you can see, all the irregular forms end in **-e** in the singular, and are two-form adjectives:

A Napoli fanno la pizza **migliore**.   *In Naples they make the **best** pizza.*
    (*describing* **pizza**)
Qual è stata la tua esperienza **peggiore**?   *What was your **worst** experience?*
    (*describing* **esperienza**)

Making comparisons with adverbs

Many adverbs can be formed from adjectives by following these steps:

- with adjectives ending in **-a** or **-o** use the feminine form of the adjective and add **-mente**:

sincero   sinceramente
sincere   *sincerely*
chiaro   chiaramente
clear   *clearly*

- with adjectives ending in **-e** simply add **-mente**:

breve   brevemente
brief   *briefly*

However, with adjectives ending in **-le** or **-re** you must first drop the **-e** and then add **-mente**:

probabile   probabilmente
probable   *probably*
regolare   regolarmente
regular   *regularly*

These adverbs use **più** and **meno** when used in comparisons:

Giorgio guida **più velocemente** di Mario.   *Giorgio drives faster than Mario.*
La professoressa Rossi parla   *Prof. Rossi speaks less clearly than her colleague.*
    meno chiaramente della sua collega.

The two adverbs **bene** and **male** have irregular comparative forms:

bene	*well*	**meglio**	*better*	**meglio di tutti**	*best*
male	*poorly*	**peggio**	*worse*	**peggio di tutti**	*the worst*

These adverbs are never preceded by **più**, **meno**, or the definite article.

In colloquial English the adjective *good* and the adverb *well* are often used interchangeably, and the comparatives *better* and *worse* are used as both adjectives and adverbs.

In Italian the adjective/adverb distinction is very important. Remember that adjectives modify nouns and agree with them in gender and number while adverbs are invariable. If you are not sure whether to use an adjective or an adverb, think about what you are describing:

Andrea canta **bene,** ma Luciano canta **meglio**. (*describing the verb* **cantare**)	*Andrea sings **well**, but Luciano sings **better**.*
Durante il processo il CEO si è comportato **male**, ma il suo avvocato si è comportato ancora **peggio**. (*describing the verb* **comportare**)	*During the trial the CEO behaved **poorly**, but his lawyer behaved even **worse**.*

ESERCIZIO
40·2

Aggettivo o avverbio? Sottolineare la forma corretta. *(Adjective or adverb? Underline the correct word in the comparative sentence.)*

1. Mia sorella gioca **meglio/migliore** di me.

2. Guglielmo suona bene la chitarra, ma Luca suona **migliore/meglio**.

3. Il **peggiore/peggio** nemico è la paura.

4. La professoressa parla l'italiano **meglio/migliore** dell'inglese.

5. In Liguria fanno il pesto **meglio/migliore**.

6. Gli italiani hanno giocato bene, ma gli spagnoli hanno giocato **meglio/migliore**.

ESERCIZIO
40·3

Riscrivere le frasi usando la forma irregolare dell'aggettivo. *(Rewrite the sentences using the irregular form of the adjectives.)*

1. I biscotti sono *più buoni* della torta. *I biscotti sono migliori della torta.*

2. Questo è il libro più bello di Umberto Eco. _____

3. Ho due sorelle più grandi. _____

4. Il figlio più piccolo è sempre nei guai (*in trouble*). _____

5. È il film più brutto dell'estate. _____

6. Maria Callas è stata la cantante più brava. _____

Angolo culturale (*Culture corner*)

Il presepe napoletano (*The Neapolitan nativity scene*)

Il presepe di natale è una tradizione antichissima nella città di Napoli. Il primo documento che ne parla risale all'undicesimo secolo. I cosidetti *pastorai* sono artigiani che producono figurine in creta (*clay*) per i presepi tradizionali. Hanno creato personaggi popolari, come Benino, il pastore dormiente, che viene svegliato dagli angeli, e Cicci Bacco con il fiasco di vino, che ricorda Bacco, il dio pagano. Poi ci sono le figure del pescatore, che simboleggia il pescatore di anime, e i Re Magi seduti su un cavallo, un cammello ed un elefante, che rappresentano l'Europa, l'Africa e l'Asia. I pastorai ogni anno creano personaggi nuovi da aggiungere al presepe, con figurine di Totò, un attore napoletano molto amato, Arlecchino, un personaggio della commedia dell'arte, e perfino le figure politiche e culturali più controverse del momento.

Capitoli 36–40

8

ESERCIZIO

R8·1

Rispondere alle domande con i pronomi oggetto diretto *lo*, *la*, *li*, *le* o *ne*. *(Answer the questions using pronouns **lo**, **la**, **li**, **le**, or **ne**.)*

1. Hai mandato la mail? Sì, _____

2. Hanno ordinato la nuova stampante? Sì, _____

3. Hai trovato le foto? Sì, _____

4. Avete fatto colazione? Sì, _____

5. Abbiamo speso tutti i soldi? _____

6. E' vero che George Clooney ha comprato una villa sul lago
   di Como? _____

ESERCIZIO

R8·2

Rispondere alle domande con il pronome indiretto appropriato.
(Answer the questions using the appropriate indirect object pronoun.)

1. Hai parlato con l'impiegata? Sì, _____

2. Scrivono spesso al figlio? Sì, _____

3. Fanno molte domande al vincitore della gara? Sì, _____

4. Hanno risposto allo scienziato? Sì, _____

5. È piaciuto il film agli studenti? Sì, _____

6. Avete telefonato alla zia? Sì, _____

Daniela è una ragazza con grandi sogni. Riscrivere le frasi al futuro. *(Daniela has a lot of dreams for the future. Rewrite the sentences in the future tenses.)*

1. Vado a vivere in Italia.

   _____

2. Trovo un lavoro alla Galleria Borghese.

   _____

3. Imparo bene l'italiano.

   _____

4. Ho molti amici musicisti e artisti.

   _____

5. Mi innamoro di un ragazzo dolce e intelligente che suona il violino.

   _____

6. Viaggiamo insieme in tutto il mondo.

   _____

7. Compriamo una casa in campagna.

   _____

8. Apriamo un centro di cultura.

   _____

9. I nostri amici artisti e musicisti presentano la loro musica e arte.

   _____

10. Non ci annoiamo mai.

   _____

Il tuo amico un po' antipatico trova sempre una scusa per non aiutarti. Completare le frasi con il condizionale del verbo fra parentesi. *(Your friend is not very nice to you and always finds excuses. Complete the sentences using the conditional form of the verb in parentheses.)*

1. Ti _____ (prestare) i soldi, ma sono al verde (*broke*).

2. _____ (venire) a trovarti, ma sono occupato stasera.

3. Le tue amiche _____ (potere) essere più gentili con me.

4. Ti _____ (accompagnare) a casa, ma sono stanco.

5. _____ (volere) telefonarti, ma non ho il tuo numero di telefono.

6. _____ (rimanere) ad aiutarti con i piatti, ma sono allergico al sapone.

7. Tu _____ (dovere) invitarmi più spesso a cena.

8. Noi due_____ (essere) perfetti amici, ma tu sei sempre nervosa.

Riscrivere le frasi al passato prossimo. *(Rewrite the sentences in the passato prossimo.)*

1. La pasta non mi piace. _____

2. Gli piace il corso di letteratura. _____

3. Ci piacciono i film noir francesi. _____

4. Ti piace l'opera? _____

5. Piacciono le feste ai tuoi amici? _____

6. La tua casa al mare mi piace molto. _____

Answer key

I

1·1   1. Buongiorno!   2. Ciao!   3. Buonasera!   4. Ciao!   5. Ciao!   6. Buongiorno!
7. Buongiorno!   8. Buongiorno!

1·2   Verbal exercise

1·3   1. emme o enne i ci a bi e elle elle u ci ci i (attrice)
2. ci elle a u di i a ci a erre di i enne a elle e (attrice)
3. gi a elle i elle e o gi a elle i elle e i (scienziato)
4. e enne erre i ci o effe e erre emme i (scienziato)
5. gi i u esse e pi pi e vu/vi e erre di i (compositore)
6. emme i ci acca e elle a enne gi e elle o (artista)

1·4   artist violinist intellectual professor composer

author actor scientist nation situation

poet doctor engineer pen fork

2·1   1. Mi chiamo...   2. Buongiorno!   3. Ciao!   4. Come sta?   5. Si scrive...
6. Significa *last name*.   7. Buonanotte!   8. A erre erre i vu e di e erre ci i

2·2   esercizio, Cina, cento, Sicilia, Luciano, Bocelli

2·3   geranio, Giulio, giusto, geloso, Giada

3·1   russo, cinese, americani, spagnola, italiane, spagnole, italiana

3·2   2. È americana.   3. È francese.   4. È tedesca.   5. È inglese.   6. È giapponese.
7. È turca.   8. È scozzese.   9. È svedese.   10. È russo.   11. È libanese.

3·3   1. italiana   2. francese   3. tedesca   4. canadese   5. turca   6. inglese

3·4   1. inglese   2. australiana   3. austriaco   4. russa   5. tedesca   6. brasiliano

4·1   1. nove   2. quattro   3. tre   4. sei   5. tredici   6. diciassette   7. quattordici
8. venti

4·2   2. zero due / sette quattro / due tre / nove otto sette

3. zero quattro uno / nove otto / sette quattro / due nove uno

4. zero cinque / due uno / cinque sei / sette due / otto sette sette

5. zero cinque cinque / quattro tre / due uno / otto sei sei

4·3   2. Due   3. sette   4. tre   5. cinque   6. una

4·4   sei, uno, dieci, diciotto, venti

5·1   2. f   3. b   4. c   5. a   6. g   7. d

5·2   2. amano   3. suona   4. Studio   5. ballano   6. Giocate   7. paghi
8. mangiamo

5·3   1. Maria parla italiano?

2. Dove abitate?

3. Paghi il caffé?

4. Sara cosa mangia?

5. Suoni il pianoforte?

5·4 1. f 2. d 3. c 4. e 5. b

R1·1 1. stazione 2. tedesco/a 3. ponte 4. buongiorno 5. cantare 6. ciao 7. suonare

R1·2 1. russi 2. francese 3. italiani, italiana 4. tedeschi, tedesche 5. polacche 6. giapponese, giapponesi

R1·3 1. sei 2. dieci 3. sedici 4. diciannove 5. quattro 6. sette

R1·4 1. parlo, mangio, pago 2. studi, paghi 3. parla, mangia, gioca 4. studiamo, paghiamo, giochiamo 5. parlate, pagate 6. studiano, mangiano, giocano

II

6·1 1. d 2. e 3. a 4. b 5. f 6. c

6·2 2. <u>Maria e Francesca</u>, sono 3. <u>Il libro</u>, è 4. <u>Tu e Gianna</u>, siete 5. <u>Voi</u>, siete 6. <u>Marco e Francesco</u>, sono 7. <u>Io</u>, sono

6·3 1. Studi italiano?

2. Parla francese a casa.

3. Sei di Roma?

4. È in ritardo.

5. Lo studente abita a Firenze.

6. L'affresco è di Michelangelo.

6·4 ci sono, Ci sono, ci sono, c'è, ci sono, c'è

7·1 1. scrivi, Scrivo 2. prende, Prendo 3. Conosci, conosco 4. corre, corre 5. bevono, bevono

7·2 1. prendo 2. vende 3. spendete 4. corriamo 5. conosci 6. leggono

7·3 decide, vede, prende, spende, vede, decidono, chiede, prendete, rispondono, corre

7·4 1. ha 2. abbiamo 3. avete 4. hanno 5. hai 6. abbiamo

8·1 2. f., patate 3. f., birre 4. m., antipasti 5. f., cotolette 6. m., ristoranti 7. m., tavoli 8. f., case 9. f., aranciate

8·2 1. m., cappuccino 2. m., pomodoro 3. m., contorno 4. m., primo 5. m., secondo 6. f., patatina 7. f., bottiglia

8·3 1. un 2. un' 3. uno 4. una 5. un' 6. un 7. un

8·4 una, un, una, un, un', una, un

9·1 1. il, i cappuccini 2. il, i prosciutti 3. il, i caffè 4. la, le birre 5. il, i gelati 6. la, le paste 7. lo, gli zuccheri 8. la, le bottiglie 9. il, i cornetti 10. il, i pomodori 11. il, i contorni 12. la, le patate 13. il, i dolci 14. lo, gli spuntini

9·2 i, gli, il, l', il, l', la, i, i, le, l', il, il, i, le, i, le

9·3 1. il 2. il, lo, il 3. il, gli 4. il, gli, il, le, il, il, il 6. i, la, lo, le

9·4 1. capiscono 2. finisco 3. Prendete 4. parte 5. capisco 6. chiudete 7. finiamo 8. finisce

10·1 1. la 2. le 3. il 4. la, le 5. il 6. lo 7. l' 8. il

10·2 La, il, il, la, il, la

10·3 2. le città 3. i caffè 4. le università 5. i tassì 6. i computer 7. i bar

10·4 1. la città 2. l'autobus 3. l'università 4. la bici 5. il cinema 6. la foto

R2·1 1. prosciutto 2. mirtilli 3. gelato 4. cinema 5. birra 6. sport

R2·2 1. studente 2. primo 3. antipasti 4. studentessa 5. bottiglie 6. tavoli 7. forchette
8. coltello 9. aranciate 10. dottori 11. ristorante 12. professore 13. stazioni 14. regione

R2·3 1. ho, devo, voglio 2. sei 3. ha, deve, può, vuole 4. siamo, possiamo 5. dovete, volete
6. sono, hanno

R2·4 1. una 2. un 3. uno 4. un 5. un 6. un 7. un' 8. uno 9. un 10. uno 11. una

R2·5 1. capisco 2. preferisci 3. dorme, preferisce 4. capiamo 5. dormite, preferite
6. dormono, capiscono

R2·6 possono, può, vuole, può, devono

R2·7 2. università, le 3. il, i 4. la, foto 5. l', autobus 6. il, i 7. la, bici 8. lo, gli 9. l', amici
10. il, computer 11. il, dentisti 12. artista, le 13. lo, sport 14. la, le

III

11·1 1. c 2. d 3. f 4. e 5. a 6. b

11·2 1. quindicimila 2. trecentosessantacinque 3. quindicimilaseicentosessanta 4. tre milioni
5. centocinquantamila 6. ottocentocinquanta 7. trecentoventottomila
8. millenovecentonovantasette

12·1 1. un terzo 2. tre quarti 3. un sesto 4. un ottavo 5. Enrico Ottavo 6. Paolo Quinto

12·2 1. la pianista 2. il socialista 3. la femminista 4. l'artista 5. il dilemma 6. l'ecologo 7. il
problema 8. il dramma

12·3 amici, albergo, antichi, medici, lunghi, larghi, simpatici

13·1 2. il lunedì, il martedì, il mercoledì, il venerdì, e il sabato 3. domenica 4. domenica 5. il lunedì e
il mercoledì 6. sabato

13·2 il lunedì, il mercoledì, venerdì, sabato, domenica, domenica

14·1 1. nostra 2. loro 3. suo 4. vostro 5. mio 6. mia 7. suoi

14·2 1. Da un anno Roberto vive in un appartamento in centro.

2. È più piccolo del suo vecchio appartamento ma ora vive solo ed è abbastanza grande.

3. Preferisce stare al centro perché non ha più la macchina.

4. La benzina costa molto e poi è difficile trovare parcheggio.

5. Ora la sua vita è molto più semplice di prima.

6. Prende la metropolitana e può andare a piedi al cinema o in pizzeria.

7. Abita vicino alla sua famiglia e ai suoi compagni di università.

8. È molto contento della sua nuova casa!

14·3 2. Le mie amiche sono italiane.

3. I miei motorini sono vecchi.

4. I suoi cani sono bianchi.

5. Le nostre compagne di classe sono francesi.

6. Le loro situazioni sono disastrose.

7. Le vostre case sono grandi.

15·1 1. a 2. in 3. a 4. in 5. in 6. a

15·2 a, in, a, in, a, in, a, a

15·3 1. Sardegna 2. Veneto 3. Piemonte 4. Sicilia 5. Lazio 6. Lombardia

15·4 1. in 2. di, di 3. a, di 4. di 5. di 6. di 7. in 8. di

R3·1 2. 397 3. 1968 4. 3.400.000.000 5. 1.310.000 6. 17.833 7. 63.206 8. 2011 9. 1685
10. 6.000.000.000 11. ⅓ 12. ⅒ or 0,1 13. ⅘ 14. ½

R3·2	2. il programmi 3. tesi, le 4. amico, gli 5. l'alberghi 6. l'amiche
R3·3	2. le tue zie 3. la mia classe 4. i suoi ristoranti 5. i nostri libri 6. le loro situazioni 7. il vostro amico 8. mia sorella 9. il loro problema 10. le sue moto
R3·4	a, in, di, in, a, a, in, a
R3·5	cento, trecentocinquanta, a, con, millenovecentonovantasei, per

IV

16·1	1. mangio un panino 2. ho sete 3. il treno 4. ho freddo 5. ho freddo 6. ho bisogno
16·2	1. b 2. c 3. d 4. a 5. f 6. e
16·3	1. e 2. a 3. b 4. c 5. d
17·1	novembre, aprile, giugno, settembre
17·2	1. gennaio, marzo, maggio, agosto, ottobre, dicembre 2. febbraio 3. aprile, giugno, settembre, novembre
17·3	2. il 2 giugno 3. il 1 maggio 4. il 25 dicembre 5. il 15 agosto 6. il 25 aprile
17·4	1. l'inverno 2. dicembre 3. l'estate 4. giugno, luglio, agosto, settembre 5. la primavera 6. febbraio
18·1	1. Buonasera, sta 2. ciao, vai 3. va 4. lavora 5. cenano 6. Ciao, prepari
18·2	1. Come sta? 2. Parlano italiano? 3. Capisce il francese? 4. Abita a Roma? 5. Cosa scrivono? 6. Dove lavora? 7. Preferisce il vino bianco o rosso? 8. Vendono le biciclette Bianchi?
18·3	1. d 2. e 3. b 4. a 5. c
18·4	1. fanno colazione 2. fa la spesa 3. facciamo un viaggio 4. fa l'avvocato 5. Fa freddo 6. fa una foto
19·1	1. vai 2. Vado 3. andiamo 4. andate 5. vai, Vado 6. va, Vado
19·2	1. il calcio 2. il nuoto 3. sciare 4. il pallacanestro 5. il tennis
20·1	1. sa 2. conoscete 3. conosci 4. conosciamo, sappiamo 5. sanno 6. conosco
20·2	so, conosco, so, Conosco
20·3	1. questo, quel, bei 2. questo, quel, bei 3. questo, quello, begli 4. questa, quell', bell'
R4·1	1. abbiamo sete 2. ho fame 3. ha fretta 4. avete sonno 5. hai caldo 6. ha sedici anni
R4·2	1. faccio 2. vai 3. fa 4. andiamo 5. fate 6. vanno
R4·3	1. —Come **sta,** Francesca? È tanto che non ci vediamo!
	—Bene, grazie, e **Lei?**
	2. —Sto benissimo. Cosa **fa** a Venezia?
	— Sono venuta per il Festival del Cinema. Anche **Lei è** qui per lavoro?
	3. —Sì, ora faccio il giornalista e il giornale vuole un articolo sul festival. Che fame! **Vuole** prendere qualcosa al bar?
	— Volentieri. **Sa,** sono nervosissima perché stasera presentano il mio documentario.
	4. —Congratulazioni! Di cosa parla il **suo** film?
	—È un film sull'immigrazione. **Va** a vedere l'ultimo film di Soldini? Dicono che è bellissimo.
	5. —Sì, se **vuole,** ho un biglietto in più per quel film.
	— Davvero? È gentilissima. E io ho due biglietti per l'ultimo film di Bellocchio. Devo scrivere una recensione. Se **vuole** possiamo andare insieme.
	6. —Grazie, ma purtroppo non posso perché vado a una conferenza. Eccoci al caffè. Cosa **prende?**
	— Prendo una pizzetta e un bicchiere di acqua minerale. E **Lei?**
R4·4	2. quell', quegli amici 3. quella, quelle registe 4. quell', quegli attori 5. quello, quegli studenti 6. quel, quei ristoranti 7. quello, quegli sport 8. quello, quegli scultori

V

21·1   1. c   2. f   3. g   4. e   5. d   6. b   7. a

21·2   1. scorso, perso   2. fa, telefonato   3. Ieri sera, finito   4. scorsa, lavorato   5. L'altro, mandato   6. Stamattina, trovato

21·3   nato, preso, scritto, difeso, diviso

22·1   1. e   2. f   3. d   4. a   5. c   6. b

22·2   1. molti   2. molta   3. pochi   4. pochi   5. molte   6. poche   7. molti   8. poco

22·3   2. molta, _pazienza_   3. molti, _soldi_   4. molto, _favorevole_   5. Pochi, _italiani_   6. molte, _banche_   7. molti, _premi_   8. pochi, _bancomat_   9. molto, _generosa_

23·1   1. changing the -**o** to -**a** and adding -**mente**

        2. adding -**mente**

        3. dropping the -**e** and adding -**mente**

23·2   1. realmente   2. allegramente   3. costantemente   4. possibilmente   5. velocemente   6. lentamente   7. gentilmente   8. onestamente

23·3   1. c, molto   2. f, sempre   3. d, mai   4. b, sempre   5. a, poco   6. e, molto

24·1   sono, Sono, ho, Ho, Ho, abbiamo, ha, ha

24·2   1. è nato   2. ha perfezionato   3. ha osservato   4. ha sviluppato   5. ha insegnato   6. ha accusato   7. ha condannato   8. ha dovuto   9. è morto   10. ha perdonato

25·1   1. actress   2. pharmacy   4. pharmacist   5. hospital   6. theater   7. office   8. mechanic, university   9. professor

25·2   1. h   2. d   3. f   4. e   5. b   6. i   7. g   8. a   9. c   10. c

25.3   2. Sono professoressa. Faccio la professoressa.

        3. Sono studentessa. Faccio la studentessa.

        4. Sono cantante lirico. Faccio il cantante lirico.

        5. Sono scrittrice. Faccio la scrittrice.

        6. Sono maestra. Faccio la maestra.

        7. Sono traduttore. Faccio il traduttore.

        8. Sono dottoressa. Faccio la dottoressa.

R5·1   Stamattina sono stata a casa. Ho dovuto pulire i piatti, fare la biancheria e scrivere a tre amici. Poi all'ora di pranzo ho invitato Carla a colazione. Ho preparato una bella insalatona, con tonno, bocconcini e pomodori. Abbiamo mangiato in terrazza, e dopo abbiamo studiato. Abbiamo preparato l'esame di letteratura angloamericana, e lei mi ha aiutato con l'inglese. Dopo tre o quattro ore di studio, abbiamo fatto un giro in bicicletta e poi abbiamo scritto una composizione sulla _Lettera Scarlatta_ di Hawthorne.

R5·2   2. Maria ha fatto molte domande?

        3. Hanno deciso dove andare stasera?

        4. Avete chiuso la porta?

        5. Hai detto la verità?

        6. Hanno fatto colazione al bar?

        7. Hai letto la _Divina Commedia_?

        8. Dove ho messo le chiavi?

        9. Dante è nato a Firenze?

        10. Quale film hai scelto?

        11. Hanno speso molto in quel negozio?

        12. Ha visto quell'attore famoso?

        13. Cosa avete preso da bere?

        14. Hai perso il portafoglio?

R5·3   Elsa Morante è nata a Roma nel 1912. Ha iniziato a scrivere racconti per bambini da giovanissima, e ha iniziato la sua carriera professionale a 23 anni, scrivendo cronache di costume (*historical stories*) per riviste (*magazines*) culturali. Nel 1936 ha conosciuto lo scrittore Alberto Moravia e lo ha sposato nel 1941. Insieme hanno conosciuto altri scrittori e intellettuali italiani e sono diventati amici di Pier Paolo Pasolini. Verso la fine della seconda guerra mondiale Moravia e Morante hanno lasciato Roma per sfuggire alle persecuzioni politiche. Nel 1948 è uscito il primo romanzo della Morante, *Menzogna e Sortilegio*. Nello stesso anno ha vinto il prestigioso premio Viareggio. Il successivo romanzo, *L'isola di Arturo,* ha avuto un grande successo di pubblico e di critica. Nel 1974 è uscito *La Storia,* ambientato a Roma durante la seconda guerra mondiale. È stato un successo internazionale ma ha ricevuto anche dure critiche. Nell'ultimo suo libro, *Aracoeli,* del 1982, la Morante affronta ancora il tema del rapporto tra madre e figlio. Elsa Morante è morta a Roma nel 1985.

R5·4   1. c   2. d   3. e   4. a   5. b   6. g   7. f

VI

26·1   1. c   2. e   3. b   4. f   5. a   6. d

26·2   1. le otto   2. le nove e mezza   3. le due e cinquanta, le tre meno dieci   4. l'una e quarantacinque, le due meno un quarto, le due meno quindici   5. mezzogiorno, le dodici   6. mezzanotte, le ventiquattro

26·3   *Possible answers.*   1. Aprono alle 9.00.   2. Chiudono dall'1.00 alle 4.00. 3. Pranzano verso l'1.30 o le 2.00.   4. Vanno a dormire dopo mezzanotte o l'1.00.

26·4   1. meno, dell'   2. meno del   3. meno, della   4. più   5. più, della   6. meno

27·1   1. un paio di jeans e una maglietta   2. un vestito giovanile   3. un vestito nero elegante   4. una tuta da ginnastica   5. un'impermeabile   6. un costume da bagno

28·1   1. g   2. e   3. d   4. c   5. b   6. f   7. a

29·1   1. f   2. e   3. d   4. c   5. a   6. b

29·2   1. Il lunedì mi alzo presto.

2. Mia madre si preoccupa sempre.

3. Ogni sabato sera Roberto si diverte in discoteca.

4. Ci conosciamo da molti anni.

5. Prima di vestirmi faccio colazione.

6. Marisa ed io ci incontriamo in centro.

7. Il cane di Marisa si chiama Snoopy.

8. Da quanto tempo vi conoscete?

29·3   mi chiamo, mi sveglio, mi faccio, esco, fare, Prendo, vado, torno, pranzo, mi riposo, studio, esco, andiamo, torno, leggo, mi addormento.

29·4   2. Paola si è addormentata presto.

3. La nonna si è riposata nel pomeriggio.

4. I miei genitori si sono preoccupati.

5. Gli italiani si sono vestiti in modo elegante.

6. Mi sono sentito male.

7. Vi siete preparate per la festa.

8. Gabriella si è messa il costume veneziano.

9. Mi sono svegliato tardi.

30·1   alla, agli, dallo, sui, negli, del, dell', delle

30·2   1. del   2. delle, della   3. del, dei, dell'   4. dello, del, del, della

30·3   2. allo (a + lo)   3. alle (a + le)   4. al (a + il)   5. al (a + il)   6. alla (a + la)   7. della (di + la) 8. dei (di + i)   9. dei (di + i)   10. ai (a + i)

30·4   in, per, a, per, in, in, nella, della, a, per, Fra, con, a, di, della, al, alle, A

R6·1   2. 1.15   3. 24.00   4. 18.00 / 6 P.M.   5. 23.00 / 11 P.M.   6. 12.40

R6·2   2. New York è **meno** antica **di** Roma.

          3. La tuta da ginnastica è **più** sportiva **del** vestito.

          4. Gli americani lavorano **più degli** italiani.

          5. Il fumo è dannoso **quanto** l'alcool.

          6. La cucina italiana è **meno** grassa **della** cucina americana.

          7. La bicicletta è **più** ecologica **dell'**automobile.

          8. L'aerobica è **meno** rilassante **dello** yoga.

          9. La camicia è **più** formale **della** camicetta.

         10. Valentino è **più** classico **di** Versace.

         11. La Lombardia è **più** industriale **della** Calabria.

         12. La pasta è calorica **quanto** il risotto.

R6·3   2. I ragazzi **si sono fatti** la doccia.

          3. Marina **si è preoccupata** del figlio adolescente.

          4. Roberto e Maura **si sono divertiti** all'opera.

          5. Oggi **mi sono messa** i sandali.

          6. Giovanna, **ti sei riposata** dopo pranzo?

          7. **Si è addormentata** facilmente, signora?

          8. Ragazze, a che ora **vi siete svegliate**?

R6·4   1. del   2. del   3. dei   4. delle   5. dello   6. della   7. degli   8. della   9. dell'
          10. delle   11. delle   12. del   13. dei   14. del   15. del   16. delle

VII

31·1   due etti, un chilo, un litro, una bottiglia, cinque, un pezzo

31·2   quartiere, frutta, pesce, seconda mano, sandali, tutto, clienti, economici, freschi

32·1   andavo, avevo, si preoccupava, diceva, avevo, Ero, giocavo, avevano, dovevo

32·2   avevo, ero, parlavo, alzavo, ha chiesto, siamo diventati, ho avuto

32·3   è nata, amavano, voleva, diceva, dovevano, voleva, si è laureata, ha continuato, ha lavorato, è andata, È tornata, ha vinto, ha festeggiato

33·1   2. Le mie amiche si sono telefonate.

          3. I miei fratelli si sono aiutati.

          4. Vi siete sentiti tutti i giorni?

          5. Non ci siamo conosciuti.

          6. Voi due vi siete riconosciuti?

          7. Violetta e Alfredo si sono lasciati.

          8. Quando ci siamo visti?

          9. Vi siete mandati i regali?

33·2   ci siamo salutati, ci siamo conosciuti, innamorarmi, rivederci, Ti abbraccio.

33·3   1. Caro Professore, distinti saluti   2. Cara Mamma, un bacio affettuoso   3. Caro Papà, un forte abbraccio   4. Gentile Dottoressa, distinti saluti   5. Cari amici, un saluto affettuoso

34·1   1. si va   3. si fanno   4. si gioca   5. si beve   6. si beve   7. si compra

34·2   1. Si va a Bologna.

2. Dove si comprano i libri usati?

3. Quando si arriva al Grand Canyon si vede un panorama bellissimo.

4. Si studia molto all'università.

5. Ci si vede domani.

6. In Italia si telefona speso ai genitori.

7. Si mangia sempre tardissimo.

8. Si parla con le mani.

9. Si fa presto ad arrivare in centro a piedi.

10. Si dice che il primo ministro è disonesto.

35·1   1. j   2. b   3. l   4. a   5. c   6. f   7. g   8. k   9. i   10. d   11. h   12. e

35·2   1. d   2. f   3. e   4. a   5. c   6. b

35·3   2. ci lavora il medico   3. ci lavora l'artista   4. ci lavora il professore   5. ci lavora il maestro
6. ci lavora il cuoco

R7·1   andavamo, era, Andavamo, tornavamo, avevo, ho invitato, siamo entrate, c'era, visto, erano, aveva,
continuava, cercava, ho visto, faceva, abbiamo visto, ha tirato, siamo tornate, abbiamo abbracciato,
abbiamo ringraziato, ha salvato

R7·2   1. Io e mia sorella ci siamo scritte/i.

2. Alfredo e Violetta si sono innamorati subito?

3. Le tue zie non si sono parlate?

4. Le amiche italiane si sono baciate quando si sono viste.

5. Gli americani si sono salutati in modo più formale.

6. Quando si sono sposati?

R7·3   1. Ci sono volute   2. Ci vogliono   3. Ci vogliono   4. Ci vuole

VIII

36·1   2. la scuola, Marino l'ama.

3. i libri gialli, Mariangela li legge.

4. il giornale, Antonello e Mario lo comprano.

5. la buona cucina, Gli italiani l'amano.

6. un caffè, La signora lo prende.

7. i miei amici, Li vedo.

8. il pane con la Nutella, Lo mangiamo sempre.

9. i compiti, Con chi li fai?

10. la tua posta elettronica, A che ora la guardi?

36·2   1. Ne   2. Ne   3. Le   4. Ne   5. ne   6. le

36·3   2. la lettera, Perché non l'hai scritta?

3. il nuovo computer, Quando l'hanno comprato?

4. un SMS, Mia sorella me l'ha mandato.

5. le foto, Le hai già inoltrate?

6. i libri, Li hanno comprati?

7. il portatile, Perché non l'abbiamo preso?

8. la stampante, L'ha spenta?

37·1
1. manoscritto <u>editore</u>
2. domanda <u>professore</u>
3. favore <u>cugina</u>
4. lettera <u>presidente</u>
5. regalo <u>zia</u>
6. scarpe <u>cliente</u>
7. anello <u>ragazza</u>
8. aria <u>fans</u>
9. voti <u>studenti</u>

37·2
2. Gli ha scritto una lettera.
3. Le hai mandato un invito.
4. Le hai scritto una lettera?
5. Gli fa sempre i regali.
6. Le ha chiesto un consiglio.
7. Il film gli piace.
8. Gli mancano gli ingredienti.

37·3
2. Sì, gli ho mandato la cartolina.
3. Sì, gli ho spiegato la lezione.
4. Sì, le ho telefonato.
5. Sì, le ho portato il libro.
6. Sì, gli ho fatto un regalo.
7. Sì, gli ho comprato il biglietto.
8. Sì, gli ho detto la verità.

37·4   1. Ci   2. Le   3. Le   4. ci   5. Ti   6. Mi

37·5
1. (Non) mi piace dormire a lungo.
2. (Non) mi piace fare lo shopping.
3. (Non) mi piacciono i cani.
4. (Non) mi piacciono i film d'amore.
5. (Non) mi piacciono i polipetti.
6. (Non) mi piacciono i gatti.
7. (Non) mi piacciono i Rolling Stones.
8. (Non) mi piace la cucina vietnamita.
9. (Non) mi piace la pizza.
10. (Non) mi piace la violenza.
11. (Non) mi piace studiare.
12. (Non) mi piace svegliarmi presto.
13. (Non) mi piace viaggiare.

38·1   2. stare   3. partire   4. ricominciare   5. insegnare   6. cominciare   7. stare

38·2   stasera, domani, dopodomani, fra/tra pochi giorni, la settimana prossima, fra/tra un mese, l'anno prossimo, fra/tra dieci anni

38·3	tornare	prendere	partire	essere	avere
	torne-	prende-	parti-	sar-	avr-
	tornerò	prenderò	partirò	sarò	avrò
	tornerai	prenderai	partirai	sarai	avrai
	tornerà	prenderà	partirà	sarà	avrà
	torneremo	prenderemo	partiremo	saremo	avremo
	tornerete	prenderete	partirete	sarete	avrete
	torneranno	prenderanno	partiranno	saranno	avranno

38·4
1. Andrò in vacanza.

2. Vorranno mangiare.

3. Avremo fame.

4. Arriveranno presto domani mattina.

5. Sarà in ritardo, come sempre.

6. Vedrò meglio con gli occhiali.

7. Dove sarà il mio telefonino?

8. Ti telefonerò.

39·1	tornare	prendere	partire	essere	avere
	torne·	prende·	parti·	sar·	avr·
	tornerei	prenderei	partirei	sarei	avrei
	torneresti	prenderesti	partiresti	saresti	avresti
	tornerebbe	prenderebbe	partirebbe	sarebbe	avrebbe
	torneremmo	prenderemmo	partiremmo	saremmo	avremmo
	tornereste	prendereste	partireste	sareste	avreste
	tornerebbero	prenderebbero	partirebbero	sarebbero	avrebbero

39·2 1. comprerei   2. sarebbe   3. girerebbe   4. mangeremmo   5. rimarreste   6. scriverebbe

39·3 1. andrebbero, d   2. Vorrei, f   3. Giocheremmo, e   4. Dovrebbe, b   5. Comprereste, c
6. presteresti, a

40·1 2. Vi è piaciuta?   3. Gli è piaciuta?   4. Gli è piaciuta?   5. Ti è piaciuto?   6. Gli sono piaciuti?
7. Le è piaciuto?   8. Gli è piaciuta?   9. Le è piaciuto?   10. Gli è piaciuta?

40·2 1. meglio   2. meglio   3. peggiore   4. meglio   5. migliore   6. meglio

40·3 2. migliore   3. maggiori   4. minore   5. peggiore   6. migliore

R8·1 1. Sì, l'ho mandata.   2. Sì, l'hanno ordinata.   3. Sì, le ho trovate.   4. Sì, l'abbiamo fatta.   5. Sì, li abbiamo spesi.   6. Sì, l'ha comprata.

R8·2 1. Sì, le ho parlato.   2. Sì, gli scrivono spesso.   3. Sì, gli fanno molte domande.   4. Sì, gli hanno risposto.   5. Sì, gli è piaciuto.   6. Sì, le abbiamo telefonato.

R8·3 1. Andrò...   2. Troverò...   3. Imparerò...   4. Avrò...   5. Mi innamorerò...   6. Viaggeremo...
7. Compreremo...   8. Apriremo...   9. ...presenteranno...   10. Non ci annoieremo mai.

R8·4 1. presterei   2. Verrei   3. potrebbero   4. accompagnerei   5. Vorrei   6. Rimarrei
7. dovresti   8. saremmo

R8·5
1. La pasta non mi è piaciuta.

2. Gli è piaciuto il corso di letteratura.

3. Ci sono piaciuti i film noir francesi.

4. Ti è piaciuta l'opera?

5. Sono piaciute le feste ai tuoi amici?

6. La tua casa al mare mi è piaciuta molto.

Culture corner translations

Part I, C-4

In Italy, telephone numbers usually have a city or area code of two to four digits. When giving your phone number, keep in mind that phone numbers of seven digits are divided into groups of two-two-three.

Part II, C-6

In Rome there are many ancient monuments, of which the Coliseum is certainly the best known. How can you explore them all? There are many ways of getting around the city. When the weather is nice you can take a walk in the historic center of Rome where there are piazzas, churches, palaces, and fountains of different eras. In the summer there is the possibility of taking a riverboat down the Tiber and of seeing Rome from a different perspective. If you get off at Ponte Sisto and cross this narrow Renaissance bridge, you will soon reach Piazza Campo de' Fiori. Every night in this large piazza there are crowds of young people who meet before going on to a pizzeria, a pub, or a movie. There are many things to do in Rome at night. Information on all events can be found at the website www.romace.it.

Part II, C-10

Soccer is the most popular sport in Italy. Boys learn how to play when they are little, and most Italians become fans of their home team.

When their team wins, the fans celebrate in the streets of their city, and unfortunately fans of rival teams have been known to become violent. Some go to the stadium to see the game, but most Italians prefer to stay at home and watch it on TV. The European and World Cup games are followed enthusiastically by everyone who comes together to cheer for the national team, called the Azzurri because of the blue color of their uniform.

Bicycle racing is also a popular sport in Italy, and the Giro d'Italia is broadcast on TV and watched all over the world. In women's sports Italians have attained distinction in skiing, swimming, tennis, and fencing.

Part III, C-15

Italy has a total of twenty regions, and each region has a capital. When speaking of going to or being in a place in Italy, generally we use the preposition **in** with regard to regions and **a** with regard to the cities. Here are a few of the regions with their capitals.

Ripasso 3, C-11–15

Venice is an enchanting city, built on more than one hundred little islands in a lagoon. There are more than three hundred and fifty bridges crossing the canals. The most recent bridge was designed by the Spanish architect Santiago Calatrava. The piazzas in Venice are called *campi* (fields) and the walkways are called *calli*. The only exception is the magnificent Piazza San Marco. Here stands the great Basilica of St. Mark. Venice also has an important opera house, la Fenice, that features musical artists from around the world and where Giuseppe Verdi's *La Traviata* and *Rigoletto* had their world premiere. When this theater burned down, Woody Allen, the American writer, actor, and director, helped organize and present benefit concerts for the reconstruction of the theater,

Part IV, C-17

January 1 is New Year's Day, and we say "Happy New Year!" February 14 is St. Valentine's Day, and we say "I love you!" March 8 is International Women's Day, celebrated by giving bouquets of mimosa. April 25 is a holiday celebrating the liberation of Italy from Nazi occupation. May 1 is Italian Labor Day, and on June 2 we celebrate the founding of the Italian republic. August 15 is Assumption Day, the summer holiday, and December 25 is Christmas, when we say "Merry Christmas!"

Part IV, C-18

The average Italian goes to the café at least three or four times a day. In the morning he has breakfast there, with an espresso or cappuccino and a croissant. The croissant can be filled with cream or jam, or just plain. Around noon, he returns for an aperitif with a friend or colleague, and after lunch he goes back for a quick espresso before returning to work. Many cafés now prepare a generous "happy hour" in the late afternoon, where one can have something to drink and have a snack. In the summer, after dinner, friends often go to the café for a cool drink, an ice cream or an espresso.

Part IV, C-19

In large Italian cities thousands of cars circulate, creating heavy traffic in the ancient one- or two-lane streets. But the scooter or Vespa, created in postwar Italy, and the moped are widely used as a way of beating traffic problems. If you live in a mild climate they are perfect vehicles. They use very little gas and are able easily to negotiate even the worst traffic jams. Businessmen in jacket and tie, students, and career women can be seen driving to work, to school, and downtown on their scooters and mopeds. Now there are electric hybrid versions that are quieter and greener. Naturally, it is important to wear a helmet and to drive carefully.

Part V, C-21

Dante Alighieri (1265–1321) was born in Florence, where he contributed to political and cultural life as a philosopher, writer, and citizen. At this time there were two major political parties in Florence. Dante's party, the White Guelfs, were against excessive papal power. In 1301 the opposing party of the Black Guelfs came to power and exiled Dante from his city.

In 1307, after having written many works in Latin, Dante began writing *The Divine Comedy*, choosing Florentine, rather than Latin, as the literary language. In this work Dante describes his trip through Hell, Purgatory, and Paradise. Accompanied first by Virgil and then by Beatrice, the poet describes historical, political, and literary figures who explain what they did during their lives and the consequences of their actions.

Part V, C-24

Galileo Galilei was born in Pisa on February 15, 1564. He was an Italian physicist, philosopher, astronomer, and mathematician. He perfected the telescope, observed the stars and the planets, and developed the scientific method. For eighteen years he taught mathematics at the University of Pisa. In 1642 the Inquisition accused Galileo of heresy and condemned him to live in isolation until his death. He was forced to deny his own scientific discoveries, and died in 1642. The Catholic Church officially pardoned Galileo only in 1992.

Part V, C-25

Italy has contributed much to the history of cinema, particularly during the postwar period. In the 1940s, shortly after World War II, directors such as Roberto Rossellini (*Rome Open City*), Vittorio De Sica (*Bicycle Thief, Umberto D.*), and Luchino Visconti (*The Earth Will Tremble, Obsession*), dealt with the suffering of simple people, the poor, the unemployed, and the elderly in what became known as the neorealist style. Pier Paolo Pasolini addressed poverty and social injustice (*Accattone, Mamma Roma*). Federico Fellini (*La Dolce Vita*) and Michelangelo Antonioni (*L'Avventura, L'Eclisse*) explored the existential crisis in modern society. Marco Bellocchio and Lina Wertmüller contributed films that dealt with the problems of the working class, the poor, and the marginalized.

The great comic actors Totò, Vittorio Gassman, Nino Manfredi, and Alberto Sordi made us smile in their Italian-style comedies. The mythical "Latin lover" was immortalized by Marcello Mastroianni, while the great actresses Anna Magnani, Sophia Loren, and Claudia Cardinale are remembered for their Mediterranean beauty and above all for their passionate portrayals.

In the nineties the directors Nanni Moretti, Gianni Amelio, and Silvio Soldini have had critical and popular success, winning many awards. Roberto Benigni, the actor and director, won an Oscar in 1999 with his film *Life Is Beautiful*.

Part VI, C-26

The Italian store hours depend on the city or town and the type of store. In the larger cities with malls, department stores, and supermarkets, they tend to stay open without a midday break seven days a week. But in smaller cities and in central and southern Italy many stores are open from 9 to 1:00, close for the hottest afternoon hours, and then reopen from 4:30 to 7:30. Those who work in these shops generally take lunch around 2:00, rest for an hour, and return to work in the afternoon. Dinner generally lasts from 7:30 to 9 or 9:30.

Part VI, C-28

Three of the most important industries in Italy are tourism, fashion, and food. The history, architecture, art, and natural landscapes attract more than 100 million visitors per year. The fashion industry creates clothing, accessories, and shoes designed by Valentino, Gucci, Prada, Ferragamo, and Armani, among others, famous for the quality and elegance of their products. The food sector produces delicious products that are exported all over the world, such as parmigiano Reggiano, prosciutto di Parma, and mozzarella from the Campania region.

Part VII, C-32

Rita Levi-Montalcini, recipient of the Nobel prize in medicine, was born in Turin in 1909. Her parents encouraged their children to love culture and learning. Her father, however, did not want to send his daughters to college, saying that women should dedicate themselves to the family and to the home. But Rita wanted to study medicine to help others, and in 1936 she graduated with a degree in medicine and surgery. Because of the 1938 racial laws that barred Jews from doing research at public universities, she was forced to conduct her experiments in a laboratory that she built at home.

During the war she worked as a volunteer doctor, after which she was invited to Washington University in St. Louis. Upon retirement she returned to Italy, and received the Nobel prize in 1986. In 2009 she celebrated her 100th birthday!

Part VII, C-33

In Italian one has to decide whether to be formal or informal when writing a letter. This distinction should be maintained throughout the letter, starting with the mode of address, and from the opening greeting to the conclusion. Generally speaking, we use the *tu* form with our friends and family and the formal *Lei* with those we do not know well.

Part VII, C-35

"Long live the tower of Pisa that leans, that leans but will never fall down!" Is this nursery rhyme to be believed? According to experts the tower, begun in 1174 and finished in 1356, had already started to lean during the first phases of construction due to the high clay content of the soil at its foundation. In 1990 the famous tower was closed for restoration for almost twenty years. Now the restoration has been completed, and visitors have returned to climbing to the top of the tower to view the magnificent Piazza dei Miracoli with the white marble cathedral and baptistry.

Part VIII, C-37

Opera is a musical form born in Italy that combines theater with music. The first opera was written in Florence at the end of the sixteenth century by a group of poets, musicians, and scholars who were trying to re-create the tragedies of ancient Greece.

The first great composer of opera was Claudio Monteverdi, who composed *Orfeo*, the Greek legend of the lovers Eurydice and Orpheus, and *The Coronation of Poppea*, the first opera based on ancient Roman history.

In the nineteenth century, the great Gioachino Rossini composed both comic and dramatic works, and today the *Barber of Seville* is still among the most beloved operas. Vincenzo Bellini and Gaetano Donizetti composed arias in the bel canto style, which highlights the beauty of the voice and of the melody. Giuseppe Verdi brought Italian opera to its musical and dramatic highpoint. In *La Traviata* a young woman in love is destined to die of tuberculosis, the illness of the century. In *Rigoletto* a father, while trying to protect his daughter, will inadvertently be the cause of her death. *Otello* tells the tragic story of the innocent Desdemona, murdered by a husband whose trust has been poisoned by Iago's false accusations.

These operas continue to be performed in the historical theaters in Italy such as the Teatro dell'Opera in Rome, the San Carlo in Naples, La Scala in Milan, La Fenice in Venice, and the Teatro Massimo in Palermo. In recent years theaters have begun to broadcast opera live, and audiences around the world can enjoy their favorite operas by purchasing a ticket at their local cinema.

Part VIII, C-38

Italy is a parliamentary republic. As set forth by the 1948 constitution, political power is shared by the executive branch (the Council of Ministers) and the legislative branch (the parliament). The judiciary branch, the Constitutional Court, is independent of the other two branches of government. The seat of the government is at Palazzo Chigi in Rome.

The president of the republic, whose term lasts seven years, does not have executive power, but as head of state represents national unity. The most critical role in the political life of the nation is held by the president of the Council of Ministers, also referred to as the premier or the prime minister. He nominates his cabinet ministers and mediates between the various parties of the majority coalition. If the coalition loses support from one of the member parties and loses the majority, the prime minister may resign, and generally new elections are called.

Part VIII, C-40

The nativity scene is a very ancient tradition in the city of Naples. The first document to mention it dates back to the eleventh century. "Pastorai" are the artisans who fashion the clay figurines that populate the traditional nativity scenes every Christmas. Favorites include Benino, the sleeping shepherd awakened by the angels; Cicci Bacco with his flask of wine; a local reincarnation of Bacchus, the pagan god of wine; and the fisherman, who symbolizes the fisher of souls. There are also the three Magi, each riding a horse, a camel, or an elephant and representing Europe, Africa, and Asia, respectively. The artisans have created inexpensive new figures every year, such as Totò, the great Neapolitan comic actor; Arlecchino, a character from the commedia dell'arte tradition; and even the most controversial political and cultural figures of the year make their appearance.

Italian-English glossary

A

a to
a piedi on foot
abbraccio hug
abbracciarsi (*v.*) to hug each other
abitare (*v.*) to live
aceto vinegar
acqua water
acqua minerale mineral water
addio farewell
aereo plane
affrontare (*v.*) to face, deal with
agosto August
aiutare to help
aiutarsi (*v.*) to help each other
albergo hotel
amare (*v.*) to love
amico friend
andare (*v.*) to go
andare in palestra (*v.*) to go to the gym
anno year
antico ancient
antipasto appetizer
anziano elderly
aperitivo aperitif
aprile April
aprire (*v.*) to open
arancia orange
aranciata orange soda
arancione orange
architetto architect
arrabbiato angry
arrivederci see you again
assegno check (*n.*)
attraversare (*v.*) to cross
autobus bus

automobile car
autunno autumn
avere (*v.*) to have
avvocato lawyer

B

baciarsi (*v.*) to kiss each other
bacio kiss
ballare (*v.*) to dance
banca bank
bancomat ATM
bar bar
barca boat
basilico basil
battello ferry boat
bello beautiful
bene well
beneducato well-mannered
beneficienza benefit, charity
benessere well-being
bere (*v.*) to drink
bianco white
bicchiere glass
biglietto ticket
biglietto in aereo plane ticket
biologia biology
birra beer
blu blue
bottiglia bottle
buongiorno good morning
buonanotte good night
buonasera good afternoon, good evening
busta envelope

C

C'è / Ci sono there is/there are
caffè coffee
caffè freddo iced (cold) coffee
calcio football (soccer)
calle Venetian street
cambiare (*v.*) to change
cambio exchange rate
camicetta shirt
camicia button-down shirt
campo Venetian square, piazza

cantare (*v.*) to sing
canto singing
capire (*v.*) to understand
capitolo chapter
capodanno New Year's Day
capoluogo capital
cappuccino cappuccino (espresso with milk)
carne meat
caro dear
casa house
casco helmet
celeste light blue
cena dinner
chiedere (*v.*) to ask
chiesa church
chimica chemistry
ci us
ciao hello/good-bye
cinema cinema
cioccolata calda hot chocolate
cliccare (*v.*) to click
colli hills
comprare (*v.*) to buy
conoscere (*v.*) to know
conoscersi (*v.*) to meet each other for the first time
contanti cash
contorno side dish
coperta blanket
cornetto croissant
correre (*v.*) to run
corto short
costruire (*v.*) to build
costume da bagno swimsuit
cotoletta cutlet
cuoco chef

D

d'accordo of course, agreed
danza dance
d'avanti a in front of
decidere (*v.*) to decide
decimo tenth
denaro money
dentista dentist
di of

dicembre December
digestivo digestive
dipingere (*v.*) to paint
dipinto painting
dire (*v.*) to say
disoccupato unemployed
distinto distinguished
diventare (*v.*) to become
dolce dessert, sweet
domanda question
domandare (*v.*) to ask a question
domenica Sunday
donna woman
dopoguerra postwar period
dormire (*v.*) to sleep
dove where

E

egregio dear (*form.*)
elettricista electrician
epoca time period
essere (*v.*) to be
estate summer

F

famiglia family
fare (*v.*) to do, make
febbraio February
festa holiday
festeggiare (*v.*) to celebrate
figlio, figlia son, daughter
filosofia philosophy
finire (*v.*) to finish
fiore flower
fontana fountain
fragole strawberries
fratello brother
frequentemente frequently

G

gelato ice cream
generalmente generally
gennaio January
gente people

gentilmente kindly
giallo yellow
giocare (*v.*) to play
giocatore player
gioco game
giorno day
giovanissimo very young
giovedì Thursday
girare un film (*v.*) to shoot a film
giugno June
golf sweater
gonna skirt
guadagnare (*v.*) to earn
guardare (*v.*) to look at
guardare la TV (*v.*) to watch TV
guerra war

I

idraulico plumber
impermeabile raincoat
in to, in
incantevole enchanting
incoraggiare (*v.*) to encourage
indisciplinato undisciplined
indossare (*v.*) to wear
informatico information specialist
ingegnere engineer
ingiustizia injustice
innamorarsi (*v.*) to fall in love with each other
inoltrare (*v.*) to forward
insalata salad
insegnare (*v.*) to teach
inverno winter
io I
isola island

L

lago lake
lamponi raspberries
lasciare (*v.*) to leave
lasciarsi (*v.*) to leave each other
latte milk
lattuga lettuce
lavarsi (*v.*) to wash oneself

lavoro work
leggere (*v.*) to read
letteratura literature
li, le them
libro book
lo, la it
loro they
luglio July
lunedì Monday

M

ma but
madre mother
maestro schoolteacher
maggio May
maglia T-shirt, jersey
male badly
mandare (*v.*) to send
mangiare (*v.*) to eat
mare sea
martedì Tuesday
marzo March
matematica mathematics
mattina morning
medico physician
mentre while
mercoledì Wednesday
mese month
metropolitana subway
mettere (*v.*) to put
mezzanotte midnight
mezzogiorno noon
mezzora half an hour
mi me
mimosa yellow flower
minigonna miniskirt
mirtilli blueberries
modulo di prelevamento withdrawal slip
modulo di versamento deposit slip
molto very
more blackberries
moto motorcycle
musica music
musicista musician

N

nascere (*v.*) to be born
Natale Christmas
nave ship
navigare (*v.*) to surf the Net
ne it, them
negare (*v.*) to deny
neorealista neorealist
nero black
noi we
nonno, nonna grandfather, grandmother
nono ninth
nord north
normalmente normally
notizie news
notte night
novembre November
nuoto swimming

O

offrire (*v.*) to offer
olio d'oliva olive oil
operaio factory worker
ora hour, time
orario continuato 9–5 shift
ottavo eighth
ottobre October

P

padre father
pagare (*v.*) to pay
pallacanestro basketball
pallavolo volleyball
parco park
parlare (*v.*) to speak
partire (*v.*) to depart
Pasqua Easter
pasticca pill
patata potato
patatine French fries
pensionato retiree
peperone sweet pepper
perché because, why
piacere (*v.*) to be pleasing to

pigro lazy
poco very little
pomeriggio afternoon
pomodoro tomato
ponte bridge
portafoglio wallet
portare (*v.*) to bring
portatile laptop
povera poor
pranzo lunch
preferire (*v.*) to prefer
prelevare (*v.*) to withdraw
premio prize
prendere (*v.*) to take, get
presto soon
prima before
primavera spring
primo first (*adj.*), (food) first course (*n.*)
professore, professoressa professor
prosciutto ham
provare (*v.*) to prove, try, rehearse
pulire (*v.*) to clean
purtroppo unfortunately

Q

quando when
quartino a quarter of a liter of wine
quarto fourth
quello that
questo this
quinto fifth

R

realmente really
regalare (*v.*) to give a present
regione region
regioni regions
regista film or theater director
restauratore restorer
riempire (*v.*) to fill
ripasso review
riscuotere un assegno (*v.*) to cash a check
riso rice
risotto rice dish
rispondere (*v.*) to answer

ristorante restaurant
ritardo late
rosa pink
rosso red
rovina ruin, antiquity

S

sabato Saturday
salutarsi (*v.*) to say hello or good-bye to each other
saluto greeting
sandali sandals
sapere (*v.*) to know
scannerizzare (*v.*) to scan
scaricare (*v.*) to download
scarpe shoes
schermo screen
sciarpa scarf
sciare (*v.*) to ski
scienze delle comunicazioni communications
scienze politiche political science
scrivere (*v.*) to write
scriversi (*v.*) to write to each other
secondo second (*adj.*), (food) second course (*n.*)
seguire (*v.*) to follow
semplice simple
sempre always
sentire (*v.*) to hear
sentirsi (*v.*) to be in touch
sera evening
sesto sixth
settembre September
settimo seventh
signora Mrs., Ms.
signore Mr.
signorina Miss
simpatico nice, likeable
SMS text message
soprattutto above all
sorella sister
specializzato specialized
sperimentalista experimental
spesso often
spicchio di aglio garlic clove
spremuta d'arancia orange juice
spumante sparkling wine
spuntino snack

stadio stadium
stagione season
stampante printer
stare (*v.*) to stay
stilista designer
stivali boots
storia history
storia dell'arte art history
stretto narrow
strumento instrument, tool
studenti students
studiare (*v.*) to study
studioso studious
sud south
suonare (*v.*) to play an instrument, to sound
sveglia alarm clock
sviluppare (*v.*) to develop

T

taglia e incolla cut and paste
tardi late
tassì cab
tavolo table
tema theme
tempo time
tenere (*v.*) to keep
tennis tennis
terzo third
ti you
traghetto ferry
treno train
trovare (*v.*) to find
tu you
tuta da ginnastica gym gear
tutto all

U

uomo man
uovo, uova egg, eggs

V

vacanze vacation
vaporetto public boat
vedere (*v.*) to see
vedersi (*v.*) to see each other

velocemente quickly
vena vein
venerdì Friday
venire (*v.*) to come
verde green
versare (*v.*) to deposit
verso around
Vespa scooter
vestito dress, suit
vi you
viaggiare (*v.*) to travel
vicini near
vincere (*v.*) to win
vino bianco white wine
vino rosso red wine
viola purple
voi you (*pl.*)
vuoto empty

Z

zio, zia uncle, aunt
zucchero sugar